Kariba
ou le Secret du barrage

Adelmo Venturelli

Kariba

ou le Secret du barrage

roman

Pearlbooksedition

Ce roman est une œuvre de fiction. Les situations et les personnages décrits sont imaginaires. Toute ressemblance avec des personnes et des événements existants ou ayant existé ne serait que pure coïncidence.

L'auteur remercie Linda Girard pour sa relecture et ses conseils avisés.

Prologue

Giada est ma compagne. Contrairement à tous les autres personnages de ce récit, elle n'est pas fictive. J'ai écrit cette histoire à cause de notre couple qui bat de l'aile.

Elle m'apparaît de plus en plus agressive. Je la crains, n'ose plus la contrarier, exprimer une opinion différente. Mes souffrances demeurent vives et lancinantes. Je voudrais qu'elle comprenne, en lisant ce texte, comment je la vois.

Giada est distante. Au fond, je crois qu'elle s'éloigne, qu'elle se laisserait volontiers séduire par tout homme à son goût qui croiserait son chemin.

Je prie le Bon Dieu pour qu'il nous réserve des derniers moments de tendresse.

Pour écrire cette histoire, je l'ai regardée avec des yeux plus grands que jamais. J'ai pu lui dire ce que j'aurais été incapable d'exprimer à haute voix.

Je l'ai dépeinte avec ses arrogances et ses caprices. Une héroïne à laquelle le lecteur n'osera pas toujours s'identifier. Il ne sait pas qu'elle peut aussi être adorable, confuse, parfois immature. Il faut être un écorché, avoir une sensibilité singulière, pour percevoir son insouciance, son charme.

I

Yanis
Zimbabwe, 30 juillet

Le barrage de Kariba a imprimé de profondes marques dans la gorge humide du Zambèze. Il s'y agrippe comme un forcené qui ne lâchera plus jamais prise. Il a donné vie à ce gigantesque lac turquoise que des bandes d'oiseaux sillonnent en permanence. Je le contemplais depuis le jardin du lodge suspendu comme un balcon. Les taches noires des cormorans en contrebas se succédaient en file indienne pour disparaître dans une brume lointaine. Le ciel immense se mêlait avec l'eau. La Zambie, de l'autre côté, se fondait avec le Zimbabwe. J'aspirai une grande bouffée de cette magie africaine.

Pour tromper l'inquiétude qui me rattrapait, je pris mes jumelles pour observer le ballet des guêpiers au bout du jardin. Ils passaient des branches des arbres à la clôture avant de rebrousser chemin. Les alentours de ce lodge regorgeaient d'oiseaux. Au petit matin, le chant du calao trompette nous avait réveillés. Il criait comme un enfant qui pleure…

Ce fut plus tard que tout bascula, après le petit déjeuner, à la suite de notre altercation. Je n'avais jamais vu Giada se cabrer si vite. Comme dans un duel, le doigt sur la gâchette, elle s'était retournée et avait tiré.

— J'ai besoin de prendre l'air, avait-elle lâché.

Et de s'emparer des clés du quatre-quatre. Je ne fis rien pour la retenir. Elle aurait tiré une seconde fois. « Dégonflé ! » m'aurait-elle répété.

Avait-elle raison ?

Je n'arrivais plus à me concentrer sur les guêpiers et baissai mes jumelles. Des rouges-gorges sautillaient sur la pelouse, à quelques mètres de moi. Mes pensées filaient, revenaient à la véritable origine de notre dispute. J'appuyai ma nuque contre le cuir du dossier du fauteuil, fermai les yeux. Machinalement, je posai les jumelles sur les dalles en granit de la terrasse. Oui, la tension remontait à quelques mois, date de notre déménagement, un déménagement qui n'emballait pas Giada. J'avais passé outre à son objection, force m'était à présent de le reconnaître.

J'avais tenu à récupérer la maison familiale au décès de mes parents. Ma sœur, au début réticente, avait finalement accepté que ce soit moi qui en hérite – elle avait eu d'autres biens en compensation. Giada s'était installée à contrecœur dans cette maison ; celle-ci l'enserrait, l'étouffait, j'en étais conscient. Elle voulait plus de confort.

— Tu n'aimes pas ma maison ? lui demandais-je parfois. Elle est vétuste, je sais, mais on la rénovera.

Elle ne m'avait jamais vraiment répondu.

Et le printemps s'était achevé, un peu triste, tendu. Je lui achetais des fleurs, des livres, mais elle s'éloignait de moi. En fin de journée, elle restait là, inerte dans son fauteuil, le regard dans le vide. Elle rentrait souvent tard de la ville pour éviter une soirée en tête à tête avec moi. Je me sentais glisser dans un trou noir dont je savais déjà qu'il me serait difficile de sortir.

À l'été, voyant que rien ne bougeait, Giada était devenue plus agressive. La maison vibrait à chacune de ses colères. Ce déménagement semblait avoir exacerbé, sublimé nos différends, tel un phare qui illuminerait soudain des obstacles cachés dans la nuit. Je n'avais pas l'énergie nécessaire pour prendre des initiatives. Même l'argent me manquait pour organiser les premiers travaux de rénovation.

Nous partîmes pour l'Afrique fin juillet. J'espérais que ces vacances nous feraient vivre une trêve. Le début de notre périple parut effectivement m'avoir délivré du fardeau de la mauvaise humeur de Giada. Mais le cyclone qui dormait en elle se réveilla subrepticement à la première difficulté.

Nous étions arrivés à Kariba la veille, en franchissant le barrage depuis la Zambie, et notre premier contact avec le Zimbabwe se révéla assez rude. Nous avions largement sous-estimé la crise économique que traversait le pays.

Je pestais encore à l'annonce de l'employé de banque qui nous dit clairement :

— Impossible de changer vos dollars, nous n'avons plus d'argent liquide !

Ahuri, je lui demandai si on pouvait payer en dollars. Sa réponse me glaça :

— Personne ne les acceptera !

Un goût amer m'était aussitôt venu à la bouche, amer comme la fin d'un voyage.

Au lodge, la propriétaire accepta de nous fournir l'équivalent de cinquante dollars en monnaie locale. La somme me semblait dérisoire pour un périple de trois semaines. Giada, visiblement satisfaite, se montra bien plus optimiste.

— Je suis sûre qu'on en trouvera encore.

J'étais loin d'en être aussi certain.

— Tu t'angoisses pour un rien. On a des cartes de crédit !

Elle fut bien forcée d'en rabattre lorsque plus tard, au supermarché, la caissière refusa notre carte de crédit et que nous utilisâmes une part importante de notre argent liquide. Pourtant rien ne semblait la désarçonner. Elle voulut tout de même tester un distributeur automatique de billets.

— Ils sont vides, ne rêve pas !

Ils l'étaient, évidemment.

Je ne voyais aucune lueur d'espoir. Giada s'obstinait à chercher de petites lumières, des vers luisants cachés dans cette obscure mélasse.

— Il y a forcément des magasins où ils acceptent les dollars !

La situation ne laissait rien présager de bon. Giada retrouvait les élans d'agressivité que je lui avais connus au début de l'été. L'orage approchait. Lorsque nous apprîmes l'existence d'une deuxième difficulté majeure, mon souhait de renoncer définitivement au Zimbabwe mit le feu aux poudres. Comment, en effet, allions-nous parcourir plus de deux mille kilomètres dans un pays confronté à une pénurie de carburant ? À Kariba, une interminable file de voitures s'étirait le long de la route en direction de la seule station-service à être approvisionnée. L'attente pouvait durer des heures, avec le risque d'arriver trop tard, de voir s'évaporer la dernière goutte de carburant. Cette nouvelle entrave avait ravivé mon angoisse latente.

— Tu veux vraiment continuer ? m'étais-je écrié.

Giada, qui n'avait rien perdu de son enthousiasme, me répondit aussitôt :

— Il doit bien y avoir une solution, sinon comment expliques-tu une telle circulation ?

— Quelle circulation ?

— Tu es aveugle, tu ne vois pas tous ces véhicules qui passent ?

Je compris alors qu'un voile obscur allait nous envelopper, nous enfermer chacun de notre côté.

C'est pourquoi, ce matin-là, après le petit déjeuner, et une nuit d'hésitations à la recherche de la bonne formulation, j'avais osé le lui annoncer sans trop de fioritures. Elle me tournait alors le dos, debout devant le lavabo, dans la pénombre de la salle de bains.

— On est quasiment obligés d'y renoncer ! dis-je.

Elle cessa de se brosser les dents, pivota et, immobile, me foudroya du regard. Je battis en retraite dans la chambre pour me soustraire à ses yeux écarquillés, riboulants. Un silence envahit l'espace, avant qu'elle ne riposte :

— Pas question, je veux faire ce voyage !

Elle apparut dans l'embrasure de la porte, visiblement très agacée. J'aurais voulu l'amener à reconnaître qu'elle faisait preuve d'un optimisme exagéré, mais cette envie butait contre ma culpabilité. Ne lui avais-je pas déjà imposé notre déménagement ? Je tentai de lui présenter mon plan B, avec un enthousiasme qui s'avéra aussitôt insuffisant.

— Nous pourrions retraverser la frontière, faire un périple en Zambie...
— On y était l'an dernier, protesta-t-elle.
— On n'a pas tout vu...

Elle retourna dans l'obscurité de la salle de bains. Je l'entendis se rincer la bouche, cracher à plusieurs reprises et marmonner des mots dont je ne compris pas le sens. Puis, comme accrochée à un ressort qui vient de se détendre, elle resurgit pour me lancer :

— Tu es un dégonflé !

Je reculai de quelques pas. Elle s'avança dans ma direction, menaçante. Elle respirait bruyamment, haletait.

— Je veux visiter ce pays ! tonna-t-elle.

Et elle sortit en me poussant de côté, comme si je lui bloquais le passage. Elle alla se poster sur la terrasse face au lac Kariba, les bras croisés, les jambes rigides, dans une attitude de bouderie évidente. Je sentis les tendons de mon cou se crisper. Je m'essuyai le visage en soufflant un grand coup, et répétai :

— Franchement, je ne vois pas comment nous pourrions nous en sortir !

Impossible de faire taire cette anxiété qui grandissait en moi. J'aspirais à des vacances faciles, fluides et sans embûches. Giada, silencieuse, semblait très distante. Sans doute ruminait-elle d'anciennes rancœurs. Dehors, seuls les oiseaux bougeaient. J'aurais dû la rejoindre avant qu'elle n'agisse. Au lieu de cela, immobile, je laissai la situation se figer.

— J'ai besoin de prendre l'air, dit-elle enfin.

J'avais posé la clé du quatre-quatre sur ma table de nuit. Elle la prit sans un mot ni un regard et sortit de la pièce en levant un bras en guise d'au revoir. Surpris, stupéfait, incapable de bouger, je parvins tout juste à prononcer son nom.

— Giada !

Elle avait quitté le lodge vers 10 heures du matin. J'étais seul dans cette prison suspendue au-dessus du lac, isolée sur la colline, à plusieurs kilomètres de la ville. Je ne pouvais pas partir à sa recherche.

D'abord certain qu'elle ne tarderait pas à revenir, j'attendis calmement. Mais les minutes et les heures s'écoulaient, et je commençais à craindre qu'elle n'ait eu un accident. Elle ne mesurait vraisemblablement pas l'ampleur du tourment que me causait son absence prolongée.

Toute la journée, je guettai les bruits de moteur en approche, épiai les véhicules dans les lacets de la route en contrebas. Je crus, ou je voulus croire, à plusieurs reprises que c'était Giada. Les quatre-quatre sont souvent blancs.

Je réussis tout de même à lire quelques chapitres du guide sur le Zimbabwe, histoire de me convaincre que ce pays était passionnant. Je devais me préparer à affronter mon angoisse. Giada ne céderait pas, cette fois, me disais-je en repensant au déménagement.

Depuis son départ, j'éprouvais un horrible sentiment d'abandon, de trahison, et une envie profonde de me révolter, mais j'eus le temps de comprendre que cela ne ferait qu'envenimer la situation. Il me faudrait rester calme à son retour. Si seulement je pouvais lui prouver l'invraisemblance d'un circuit au Zimbabwe. Si seulement j'avais pu l'appeler ! Mais son téléphone trônait sur sa table de nuit.

Lorsqu'elle rentra, à 16 h 30, elle était rayonnante. Elle ne semblait aucunement gênée de m'avoir abandonné tout ce temps. Je la trouvais impudente, irresponsable. Elle s'approcha de moi, voulut même me donner un baiser. Je me montrai glacial et détournai la tête. J'attendais d'abord des excuses, mais elle fit une deuxième tentative avec l'empressement de quelqu'un qui a un irrépressible besoin d'affection. Aurait-elle connu le même calvaire que moi ?

— Je suis désolée, me susurra-t-elle enfin.

Je lui accordai mes lèvres. Le fait qu'elle prolonge le contact me dérangea. Je voulais des explications, entendre que des circonstances indépendantes de sa volonté l'avaient empêchée de rentrer plus tôt. Mais elle me raconta tout autre chose.

— Je me suis renseignée. Je sais où trouver de l'essence.

Et de reculer d'un pas, comme effectuant un pas de danse, certainement pour mieux observer ma réaction. Elle était toujours aussi rayonnante. Je restai impassible. Je ne croyais pas trop à ce genre de miracles. Elle se répéta en haussant un peu le ton. Puis elle gagna la terrasse de la chambre. Se retournant, elle perçut de toute évidence mon scepticisme. Elle fit une moue, sans doute prête à me donner de nouvelles explications. Je m'avançai jusqu'au rideau – qui faisait office de porte entre la chambre et la terrasse –, le fermai pour lui faire comprendre ma contrariété mais, bien entendu, elle en était très consciente.

Sa voix transperça la toile :

— Il y a un chantier naval au bord du lac. Ils pourraient nous vendre de l'essence.

Je voyais sa silhouette se dessiner derrière le tissu qu'une petite brise silencieuse faisait trembler. Quant à elle, sans doute ne me voyait-elle pas, car je me tenais dans l'obscurité de la chambre. S'il y avait eu une sortie derrière moi, j'aurais pu partir et la laisser parler dans le vide.

— Tu m'as entendue ? me lança-t-elle comme si elle voulait, en effet, s'assurer de ma présence.

Pour moi, ses paroles étaient des sornettes destinées à ne pas m'avouer ce qu'elle avait réellement fait. Je voulais plus d'informations sur sa journée, qu'elle parvienne à me rassurer. Comment pourrait-on nous proposer de l'essence alors que la population locale n'arrivait plus à s'en procurer ?

Un coup de vent plus intense froissa le rideau. Le contour de Giada, de l'autre côté de la toile, se lézarda. Les mots qui traversèrent le rideau me parvinrent déformés :

— Tout est une question de moyens !

Soudain, le dessin de son corps changea d'aspect. Giada marchait, sa silhouette grandissait, s'approchait du rideau. Je battis en retraite derrière les lits. Une main apparut au bord de l'étoffe, qu'elle écarta juste au moment où je fuyais vers la salle de bains.

— Où es-tu ? Ne fais pas l'idiot !

J'aurais aimé disparaître, histoire de la déstabiliser, de lui rendre la pareille.

— Tu ferais mieux de m'écouter, ajouta Giada.

J'étais conscient du ridicule de ma fuite, mais ce petit jeu atténuait mes frustrations. Le silence se fit, et je craignis que Giada ne soit repartie. De longues secondes s'égrenèrent avant qu'elle reprenne la parole.

— Viens, il faut qu'on parle. Je sais, je t'ai abandonné. Je suis désolée.

Je ne voulais pas perdre la face. Aussi trouvai-je une excuse puérile.

— Laisse-moi une seconde.

J'attendis encore un court laps de temps, puis je tirai la chasse, ouvris le robinet, fis semblant de me laver les mains. Je retournai dans la chambre.

— C'est quoi, cette histoire d'essence ?
— Si on paie le prix fort, on pourra en avoir.
— Qui te l'a dit ?

Giada s'embourba dans des explications confuses à propos d'un Italien qu'elle disait avoir rencontré à l'église dans l'après-midi.

— Quelle église ?
— Un sanctuaire au sommet de la colline, bâti par des Italiens.
— Par des Italiens ? Qu'est-ce qu'ils sont venus faire à Kariba ?
— Ils ont construit le barrage sur le Zambèze.

J'eus alors droit à un petit exposé sur l'édifice. Il avait été érigé dans les années 1950 par l'entreprise Umberto Girola. Giada fut tout excitée de me révéler ce détail, parce que cette entreprise avait son siège à Domodossola, d'où elle était originaire.

— L'Italien que j'ai rencontré est aussi de Domodossola, m'annonça-t-elle.

Par quel étrange concours de circonstances Giada avait-elle croisé quelqu'un de cette petite ville d'Italie du Nord ?

Elle me rapporta la poignante histoire de cet individu d'une manière étrange, comme si elle évoquait ses propres souvenirs. Il était le fils d'un ouvrier décédé lors de la construction du barrage.

— Il a aussi perdu sa mère en bas âge, c'est un orphelin, ajouta-t-elle, visiblement émue.

Il lui avait raconté qu'il venait régulièrement au Zimbabwe, à la recherche d'un lien avec son père. Je trouvai étrange qu'un homme qui devait approcher la soixantaine fasse encore ce voyage. Qui était ce type ? Avait-il tenté de séduire ma Giada ?

Giada, toujours aussi agitée, me relata sa descente jusqu'au chantier naval avec cet homme qu'elle appelait par son prénom, Alessio. Elle tournait autour de moi comme pour me désorienter, brouiller la logique de mes pensées. Cherchait-elle à me convaincre du bien-fondé de sa longue absence ? Me cachait-elle autre chose ? Elle testait mon attention par des regards furtifs. Je sentais qu'elle voulait me dire : « Je ne pouvais tout de même pas abandonner ce type ! J'ai dû écouter son histoire jusqu'au bout. »

J'aurais aussi aimé savoir ce qu'elle avait fait avant de rouler jusqu'à cette église au sommet de la colline. J'interrompis sa déambulation. Je voulais endiguer ce flot de mots sur l'Italien. Ils m'étourdissaient. Je la saisis par un bras. Elle me regarda avec surprise.

— Qu'as-tu fait avant de te rendre dans cette église ?

— J'étais contrariée, furieuse. Tu es tellement peureux !

Elle évoqua une crique, où elle avait fait une longue halte pour réfléchir.

— Je ne voulais pas revenir au lodge avant d'être certaine qu'on n'avait pas le choix. Je tiens vraiment à visiter ce pays.

Je la retenais encore par le bras, elle se libéra en grimaçant. Elle se remit à déambuler nerveusement, sans me quitter des yeux.

— De toute façon, maintenant que j'ai trouvé de l'essence...

Je tentai d'entamer son assurance.

— Notre voyage sera long. Il n'y aura pas des Italiens pour nous aider à chaque difficulté.

Mais cet Alessio lui avait, paraît-il, fait comprendre qu'en y mettant le prix il y aurait toujours une solution pour remplir le réservoir : il suffisait de demander. J'avais de sérieux doutes.

— Et l'argent liquide ?

Giada plongea la main dans la poche de son jean. Elle en sortit une petite liasse de billets de la monnaie locale.

— Où te les es-tu procurés ?

— Au marché noir...

Giada semblait avoir surmonté toutes les difficultés. Je me sentis minable et, pour ne plus la voir, je m'échappai sur la terrasse et m'enfonçai dans le fauteuil en cuir tourné vers le large. J'entendais sa voix derrière ma nuque : avec Alessio, ils étaient passés à la station-service Total et n'avaient pas eu besoin d'attendre longtemps. Quelqu'un s'était approché, attiré par notre Toyota immatriculée en Zambie.

— Le taux est un peu usurier... six bonds pour un dollar, au lieu de neuf au change officiel ! précisa-t-elle.

Je regardais le lac, honteux de ne pas avoir moi-même découvert toutes ces combines. Mais quelle initiative pouvais-je prendre, enfermé dans ce lodge ? J'en voulais à Giada. Elle mit une main sur mon épaule, certainement pour me témoigner son affection. Je le ressentis comme un geste de domination et lui lançai, d'une voix sèche :

— À cause de toi, je suis resté coincé ici toute la journée !

Giada ne répondit pas. Elle comprenait l'humiliation que je pouvais éprouver.

Un martin-pêcheur vint se poser sur un pieu de la palissade au fond du pré. Giada ramassa les jumelles que j'avais laissées sur les dalles en granit, à côté du fauteuil. Elle fit la mise au point et s'exclama :

— Magnifique !
Je compris à cet instant que nous allions faire le tour complet du Zimbabwe, malgré mes angoisses qui étaient toujours là.

II

Giada
Zimbabwe, 30 juillet

J'hésitai à revenir dans la chambre avant de monter dans la Toyota. Je dus me battre contre moi-même pour assumer ma révolte.

En tournant la clé de contact, je me reprochai d'avoir choisi comme compagnon un homme si anxieux. Il m'avait déjà fait rater plus d'une occasion. Il proscrivait les voyages en bateau de peur de se noyer dans un naufrage. Dans les aéroports, il m'infligeait des heures d'attente de crainte de manquer l'avion. Pourtant, il s'aventurait avec moi dans les parcs africains, à la merci d'une panne au beau milieu de nulle part. Le téléphone satellitaire que nous avions avec nous le rassurait-il suffisamment, ou faisait-il un effort extrême pour ne pas me décevoir perpétuellement ?

Depuis la veille, il avait replongé dans ses affres habituelles. Tout paraissait pourtant calme dans ce pays. Je ne m'étais pas sentie en danger dans les rues du centre de Kariba. Au supermarché, les étalages regorgeaient de fruits et de légumes. Les réfrigérateurs étaient pleins, les rayons bien approvisionnés. Les locaux semblaient souvent payer avec leur téléphone ou leur carte de crédit et faire abstraction du manque de liquidité. Apparemment, c'était plus compliqué pour les touristes étrangers. Les moyens de paiement électroniques nous étaient refusés. Heureusement, la propriétaire du lodge avait pu nous donner un peu de monnaie locale contre nos dollars. D'autres le pourraient probablement aussi.

Pour l'essence, il faudrait endurer de longues heures de queue. Tant pis ! Je n'allais pas me laisser piéger par Yanis et ses angoisses. Le déménagement avait été ma dernière concession.

En descendant la colline, je mordis nerveusement dans les virages avec le quatre-quatre. Je conduisis jusqu'au lac. Puis j'hésitai, agacée : devrais-je remonter ?
   J'avisai une ruelle sur la droite. Je la pris pour faire taire mes hésitations. Je découvris une rampe pour mouiller les bateaux. Personne ne traînait dans les parages. Je sortis du véhicule, fis quelques pas. Le soleil brillait en face, m'imposant le reflet éblouissant de la nappe d'eau. Je mis une main en visière pour me protéger, mais le scintillement me faisait voir tout en orange. Des images se présentèrent à mon esprit, quelques photogrammes d'un Yanis uniformément de cette couleur. Je fis volte-face pour tourner le dos au soleil, et rendre leur existence aux autres teintes. Je ne voulais pas d'un Yanis monochrome. Il me semblait avoir encore besoin de lui, de son monde imaginaire bariolé d'angoisses.
   Je m'assis sur le béton de la rampe à bateaux, les jambes pliées contre ma poitrine. J'enlaçai mes genoux, baissai la tête pour me mettre en boule, comme pour concentrer mon énergie, mieux réfléchir. Mon esprit restait vide malgré tout, aucune idée ne me venait. J'entendais le clapotis des vagues. Je changeai de position. Les yeux fermés, je m'allongeai de tout mon long sur la rampe de lancement et imaginai que je glissais. J'étais une embarcation que l'on allait mettre à l'eau. Soudain, j'eus l'impression que je pourrais couler. Je griffai le béton pour me retenir. Je rouvris les yeux, et le bleu impeccable du ciel emplit mon champ de vision.
   Devais-je retourner au lodge ?
   Presque résolue à rejoindre Yanis, je me levai d'un bond. L'air me caressait. J'étais étrangement essoufflée. Je pris de grandes inspirations et scrutai une dernière fois la colline, le ciel et la forêt. J'aperçus le clocher d'une église au-dessus de la cime des arbres. Je compris alors

que ma décision de rentrer au lodge avait été hâtive et que je me plongerais volontiers dans une atmosphère plus mystique pour écouter ma conscience me murmurer ses solutions secrètes.

En haut de la colline, il n'y avait pas âme qui vive. Les boutiques éparpillées autour de l'église semblaient abandonnées depuis longtemps. Aucun autre véhicule n'était garé sur le parking. J'eus la conviction que la porte de l'église serait fermée et que mon élan spirituel n'allait pas faire long feu. Mais il n'en fut rien. À l'intérieur brillaient des dizaines de cierges, dont les flammes vacillèrent dans le courant d'air provoqué par mon entrée. Je m'avançai jusqu'à la première rangée de bancs et m'y agenouillai. Un immense crucifix trônait au-dessus de l'autel. Je parlai silencieusement à ce Jésus, mais il ne m'écouta pas. Son regard était désabusé, son sourire figé, presque moqueur. Quand il daigna enfin me répondre, ce fut pour me culpabiliser : *Ne laisse pas Yanis tout seul !* Dans le fond, je savais qu'il avait raison.

Il était déjà midi. J'entendis le monde réel se réveiller, un moteur vrombit à l'extérieur. Je me sentis tout à coup ridicule. Je n'avais pas envie qu'on me surprenne en ce lieu. Je me levai pour m'éclipser discrètement, mais manquai de me cogner à un homme en sortant. Étonné, il s'arrêta et, d'une voix chantante, me lança quelques mots en anglais :

— Bonjour ! On voit rarement du monde dans cette église.

Il avait un accent que je crus reconnaître aussitôt.

— Je visitais...

— Vous êtes une touriste ?

Je me sentis gênée. J'aurais voulu m'échapper pour éviter toute conversation, mais il s'interposa, ostensiblement, entre la porte et moi.

— Les touristes ne courent pas les rues à Kariba.

Son intonation m'était décidément familière. Il me fallait en avoir le cœur net.

— Vous êtes italien ?

Il fit la moue, incrédule, et ses yeux s'illuminèrent. Il me renvoya la question :

—Vous aussi ?

Je lui demandai en italien si, comme moi, il était en vacances à Kariba.

—Pas vraiment. Je viens souvent ici, me répondit-il.

Alors, comme s'il était devenu mon confident du simple fait de notre nationalité partagée, je lui parlai de nos difficultés.

Son regard m'hypnotisait. Il était impossible de ne pas y plonger. L'iris de ses yeux était vert, presque fluorescent. Se pouvait-il qu'il porte des lentilles colorées ? Il n'était plus tout jeune, je lui donnais la soixantaine.

Cette église, m'expliqua-t-il, avait été érigée en souvenir des ouvriers morts pendant la construction du barrage. Son père comptait parmi eux, et il venait le pleurer depuis de nombreuses années. Il me dépeignit ensuite son enfance d'orphelin. Ma surprise fut grande lorsqu'il m'apprit qu'il était de Domodossola, ma ville natale ! Il y avait toutefois une logique à cette coïncidence : l'entreprise Umberto Girola y avait son siège. Je me souvenais de son nom et de son excellente réputation, mais je ne savais pas qu'elle avait construit le barrage de Kariba. J'écoutai avec intérêt l'histoire de cet homme, le récit de ses fréquents et étranges pèlerinages ici. Il s'y était fait des amis à force de revenir, me dit-il. Alessio, il s'appelait Alessio, mentionna même une petite affaire qu'il avait montée. Il finit de me rassurer au sujet de notre voyage au Zimbabwe.

—Aucun problème, fit-il, sûr de lui, il existe toujours une solution dans ce pays !

En payant le prix fort, ajouta-t-il, nous pourrions facilement trouver des devises et de l'essence.

Nous descendîmes avec sa voiture jusqu'au lac pour rejoindre un chantier naval dont il connaissait les propriétaires. On se serait cru devant un terrain vague où s'amassaient des carcasses de bateaux de toutes tailles. L'enceinte, haute, était fermée avec du fil de fer barbelé. Il y avait un vieux portail rouillé. Alessio sonna. Nous attendîmes de longues minutes, pendant lesquelles il me parla de son commerce de pierres précieuses.

Un Blanc barbu, grassouillet, la cinquantaine, surgit de derrière une épave, à bord d'un quad très bruyant. Il nous ouvrit le portail. De toute évidence, ils se connaissaient bien, lui et Alessio. Alessio me présenta. J'eus droit à un large sourire partiellement édenté. Nous suivîmes l'homme à travers un dédale de ferrailles et de bidons métalliques d'où s'échappaient des fumerolles qui empestaient le caoutchouc brûlé. Au bout du chemin, au bord de l'eau, se dressait, un peu de guingois, un distributeur à essence fixé sur un socle en béton. On y voyait briller des flaques d'huile que le soleil irisait de fragiles arcs-en-ciel. Alessio et l'homme pénétrèrent dans une cahute. À travers la porte ouverte, je vis leurs silhouettes sombres s'animer. Alessio gesticulait démesurément, l'autre, les mains dans les poches, acquiesçait. Ils disparurent un instant de mon champ de vision. Quand ils ressortirent, l'individu bien en chair me montra à nouveau ses rares dents cariées et noirâtres.

— Demain, je reçois une livraison d'essence! me dit-il.

Alessio s'approcha de moi, le poing serré. Et écartant les doigts, lentement, un à un, il livra à mon regard intrigué une petite chose brillante, dodue et verte, sans forme précise. Elle ressemblait à un morceau de verre.

— Il s'agit d'une émeraude brute, m'apprit Alessio. Le lapidaire de Kariba en fera une petite merveille.

Alessio rapportait des pierres taillées en Italie. Elles provenaient du sud du Zimbabwe, de Sandawana, me précisa-t-il. Elles parvenaient à Kariba depuis la découverte et l'exploitation des mines, depuis fort longtemps donc, à peu près en même temps que la construction du barrage. Les ouvriers et ingénieurs italiens achetaient eux aussi ces gemmes pour les rapporter au pays. Il ne s'agissait que de quelques pierres à la fois, pas d'un véritable trafic. Et c'était une autre époque.

Alessio m'annonça fièrement qu'il perpétuait cette tradition.

— Vous passez des émeraudes en fraude ?

— Bien sûr que non !

Ses explications me semblaient confuses. Je le fis répéter, mais je ne parvenais toujours pas à comprendre s'il agissait en toute légalité.

— C'est tout à fait légal, clama-t-il enfin, car je n'emporte que deux ou trois pierres taillées à chaque voyage. On a le droit d'acheter une ou deux émeraudes à titre de souvenir... Et puis, il n'y a pratiquement jamais de contrôle.

Je le soupçonnai de ne pas tout me dire. Je doutais de l'intérêt qu'il pouvait y avoir à exporter deux pierres à la fois. Je le fixai pour voir s'il me mentait, mais je n'aurais jamais dû m'y hasarder. Ses yeux verts m'hypnotisèrent de nouveau.

En sortant du chantier, lorsque nous quittâmes les fumerolles asphyxiantes, j'aspirai une grande bouffée d'air pur. Évitant son regard, j'osai enfin lui dire :

— Je ne vous crois pas !

Silencieux, mystérieux, il conduisait sa décapotable, la tête nimbée de lumière, on aurait dit un saint, mais son sourire trahissait le brigand qu'il était peut-être.

— Vous devriez essayer, me lança-t-il enfin alors qu'il abordait un virage serré sur la colline.

— Essayer quoi ?

— De rapporter des émeraudes à Domodossola !

De retour devant l'église, j'en perçus l'architecture avec une acuité nouvelle. Le mot *defunctorum* gravé sur la façade évoquait les morts. Maintenant que je connaissais la raison d'être de cet édifice, que je savais que quatre-vingt-six ouvriers avaient péri lors de la construction du barrage, j'avais envie d'en revoir l'intérieur. Alessio m'accompagna.

Dans ses gestes et son expression de recueillement, je décelai le poids de son passé. Peu après l'entrée s'élevait une stèle où étaient gravés les noms des victimes. Celui de son père y figurait.

Je devais être folle ! J'avais deux émeraudes taillées dans ma poche, l'une de trois carats et demi, l'autre de trois. Alessio m'avait précisé qu'à Milan des gemmes de cette qualité se vendaient entre trois cents et cinq cents euros le carat. Ici, au Zimbabwe, les pierres brutes valaient presque dix fois moins, et la taille n'était pas très onéreuse. Ce qui était extrêmement étrange, c'est qu'il n'avait pas voulu que je les paie.
— On fera les comptes à Domodossola, me dit-il, sans vraiment me laisser d'alternative.
Il me demanda seulement mon nom et mon adresse en guise de garantie.
— Je me rappelle un ophtalmologue de ce nom à Domodossola, s'écria-t-il alors.
— C'était mon père, mais je ne vis plus là-bas. C'est l'adresse de ma mère que je vous ai donnée. J'habite en Suisse.
Il me crut, mais j'aurais pu lui raconter des histoires. Je me dis qu'il avait envie de me revoir. Il m'effleura la joue d'un baiser en partant.
Je n'étais pas indifférente à ses yeux verts fluorescents, au mystère qui émanait de lui, à sa sensibilité d'écorché. Je reverrais Alessio à Domodossola. Ces émeraudes n'étaient-elles pas un pacte que nous avions scellé ? Yanis ne saurait rien de ces pierres, de ce pacte. J'avais besoin d'avoir mon secret, une échappatoire, si je devais continuer à suffoquer dans cette maison inconfortable.
Pourtant, Yanis était encore dans mon cœur.

III

Yanis
Zimbabwe, 31 juillet

Sans retard ni ambages, Giada me proposa habilement une solution qui ménageait mes inquiétudes :

— Allons jusqu'à Mana Pools. Avec le carburant et l'argent liquide que j'ai trouvés, il n'y aura pas de problème. Nous pourrons toujours faire demi-tour.

Avec son double réservoir, notre Toyota avait une autonomie de presque mille kilomètres. Le parc national de Mana Pools, situé à environ deux cent cinquante kilomètres de Kariba, était un bon compromis. Je subodorais cependant un piège. De fil en aiguille, Giada tenterait certainement de m'entraîner plus loin.

Nous retournâmes au supermarché dépenser un peu de notre précieux cash. La décision ayant été prise, nous devions faire des réserves de nourriture.

Giada protesta en me voyant mettre une dizaine de bidons d'eau dans le chariot.

— Tu exagères, nous partons seulement trois jours !

Elle était inconsciente du danger. Elle ne prévoyait jamais rien.

— Imagine si on s'embourbe, qu'on se retrouve bloqués, complètement isolés !

Ce n'était pas la première fois qu'émergeait un différend à ce sujet. En cas de coup dur, Giada comptait sur des secours rapides. Je n'avais pas cette certitude. J'estimais crédibles les récits de ces touristes piégés plusieurs jours dans la savane.

Nous chargeâmes la voiture, puis nous descendîmes au chantier naval, de courbe en courbe à travers la forêt. Le ciel était bleu, comme il allait l'être tous les jours pendant cette saison sèche. Des oiseaux poussés par un vent venu du lac remontaient la colline et de leurs ombres tapissaient la verdure du bord de la route. Je me laissai surprendre par ce ballet. Giada, au volant, me relatait une nouvelle fois ses impressions à propos de cet Alessio que nous allions rencontrer. Je n'avais aucune envie d'entendre le récit de ses aventures de la veille, que je considérais comme une tromperie.

Nous arrivâmes devant un portail métallique haut comme une cathédrale, cerné de fil de fer barbelé. Une véritable forteresse.

— Tu es sûre que c'est là?

J'aurais voulu qu'elle ne retrouve pas l'endroit, pour me sentir moins minable, moins dépassé par les événements. Giada se contenta de me sourire. Elle sonna. Nous patientâmes quelques minutes, pendant lesquelles j'espérai encore qu'elle se soit fourvoyée. Un homme obèse apparut sur un quad disloqué et nous ouvrit. À la vue du fatras de ferrailles et des carcasses de bateaux éventrés, il me vint un doute quant à la qualité du carburant qui nous attendait. Mais quel choix avions-nous?

Quelqu'un d'autre guettait notre arrivée à la pompe à essence. Alessio. De la pointe de ma chaussure, je dessinai nerveusement des arabesques dans la terre battue du chantier pendant que Giada lui parlait. Puis j'effaçai tout, convulsivement, lorsqu'ils se donnèrent l'accolade – un geste apparemment anodin – avant qu'Alessio ne disparaisse dans une cahute.

Je ne dis rien à Giada. Elle m'aurait traité de paranoïaque – à juste titre peut-être – mais la connivence entre eux ne m'avait pas échappé. Le reverrait-elle à Domodossola?

Quant à l'essence, nous pûmes la payer en dollars au double du prix repéré chez Total, même s'il fallait aussi prendre en compte le taux de change.

« Il suffit de payer le prix fort », avait dit Giada.

1er août

Le parc national de Mana Pools nous accueillit avec ses redoutables mouches tsé-tsé ! Deux ou trois d'entre elles voltigeaient dans le quatre-quatre, se collaient aux vitres entre deux pirouettes silencieuses. J'en avais déjà écrasé une, à la suite d'une soudaine démangeaison à la nuque. M'avait-elle piqué ? Je tentai d'anéantir du plat de la main celle qui s'était posée sur le pare-brise, mais elle fut plus rapide que moi. Giada arrêta la voiture. Je descendis, ouvris les portières en grand. Les mouches étaient réticentes à quitter les lieux. De la paume de la main, je giflai l'air de l'habitacle. Elles déviaient leur trajectoire mais restaient à l'intérieur. Le même mouvement avec mon magazine sur les oiseaux changea un peu la donne. L'une d'elles s'enfuit, disparaissant dans une brume de chaleur. Une autre, qui avait osé s'arrêter sur la banquette arrière, finit sa vie écrasée. Un peu de sang et de sanie tachaient le revêtement du siège. S'était-elle déjà gorgée de mon sang ? Giada sortit le produit antimoustiques. J'espérai qu'il serait aussi efficace contre les mouches tsé-tsé ! Elle en badigeonna les parties nues de son corps, puis me tendit le flacon. Je fis encore claquer la revue sur les oiseaux contre le plafond. Raté ! Mais l'insecte s'échappa dans la poussière de la piste.

— Tu es sûr que ce sont des mouches tsé-tsé ? me demanda Giada.
— Pas envie de prendre de risque !

Nous avions pourtant respecté les consignes : « pas de vêtements aux couleurs vives ». Sur la grande route, à un arrêt obligatoire pour la prévention de la maladie du sommeil, un officier avait même répandu un insecticide dans l'habitacle.

— Pas très efficace, leur poison, me fit remarquer Giada, qui se tenait à l'affût de l'attaque d'une nouvelle intruse.

— Elles se sont probablement faufilées après, quand nous sommes entrés dans le parc. Les vitres étaient ouvertes.

Quand Giada redémarra, le quatre-quatre se mit à trembler. J'avais l'impression qu'une pièce de la carrosserie pouvait se détacher à tout instant. La piste était ravinée, avec des fondrières à se rompre le cou. Le bruit était insupportable. Les amortisseurs semblaient inexistants, les secousses interminables. Il fallait tenter d'épouser leur rythme.

Après deux heures de bosses et de ravins, la savane arrêta enfin de s'agiter, de tressauter. Nous approchions du lit du Zambèze. Nous roulions sur un terrain plus sablonneux. La voiture ne bondissait plus, elle glissait, dansait. Giada détestait conduire sur le sable. C'est particulier, il est indispensable d'avoir une conduite souple, de laisser le quatre-quatre suivre un peu sa destinée. Je pris le volant, non sans avoir préalablement dégonflé un peu les pneus pour améliorer leur adhérence. Ils crissèrent d'abord, puis semblèrent siffler doucement dans les ornières. Je me lançai sur les traces des véhicules qui nous avaient précédés.

Le Zambèze nous apparut, magique, majestueux. À cet endroit le fleuve était si large qu'il avait l'air statique. Il serpentait dans la grande plaine parsemée d'îlots. Il s'étalait sur une longue grève plate que surplombaient par endroits de petites falaises. À l'horizon, ses eaux bleu-vert se confondaient avec le ciel limpide. Lorsque nous l'atteignîmes, j'eus envie de le toucher. En me retenant à une branche, je descendis le long de la berge boueuse. Sans réfléchir, j'enfonçai une main dans l'eau. Elle était à peine tiède. En levant les yeux vers un îlot, à quelques mètres, je vis des masses brunâtres, des rochers arrondis, dans une petite crique. Sur l'un d'eux courait un oiseau au bec écarlate.

— Attention aux hippopotames ! me cria soudain Giada, restée sur la berge.

— Où ça ?
— Tu ne les vois pas ?

Elle pointa du doigt l'îlot. Les rochers bougeaient très lentement, imperceptiblement, ils roulaient sur le côté. J'entendis un premier souffle robuste, un souffle d'air et d'eau, puis un deuxième. Une des masses rocheuses nagea vers moi sans que le fleuve fasse un pli. Elle glissait comme sur de l'huile, et j'aperçus de petites oreilles qui se pliaient tantôt en avant, tantôt en arrière. Une gueule énorme émergea, ornée d'immenses incisives. Je m'accrochai à la branche pour me hisser précipitamment en haut de la berge et me réfugier derrière le tronc d'un arbre isolé, un mopane centenaire. Je voulais m'assurer que la bête restait à distance, mais je ne la voyais plus. Elle avait disparu à la façon d'un sous-marin. Je ne discernais aucun remous à la surface de l'eau. Allait-elle tout à coup surgir des profondeurs ?

— Viens par ici ! hurla Giada, qui était montée sur la terrasse en bois où était arrimée notre tente de safari.

Elle scrutait le fleuve. Je la rejoignis. Le gros de la troupe des hippopotames était resté sur l'îlot. Le mien avait définitivement disparu. D'autres nageaient-ils sous les flots ? Il n'y avait pas plus de trente mètres d'herbe entre la rive et notre perchoir. Peut-être le danger viendrait-il la nuit, quand les animaux se déplaceraient.

Nous étions seuls sur ce site. Les trois autres tentes de safari, implantées à côté de la nôtre, étaient manifestement vides. Il y avait très peu de touristes au Zimbabwe, très peu de volontaires pour un parcours semé d'embûches... Certains devaient être ravis d'un tel isolement, pas moi, à cause de mes angoisses, et Giada non plus, en fin de compte. Elle préparait déjà son plan pour la nuit.

— On pourra toujours se réfugier dans la salle de bains !

La salle de bains était construite en brique. Elle était adossée à notre tente de safari, et on y accédait par une vraie porte en bois bien épais.

Ce n'était pas la première fois que nous dormions dans un campement sans enclos de protection, mais c'était la première fois que nous y étions seuls et, jusqu'au dernier vestige de lumière, j'allais espérer l'arrivée d'un autre quatre-quatre.

En fin d'après-midi, des passereaux à la tête écarlate nous offrirent un concert de gazouillements suaves. Ils semblaient s'être regroupés dans l'arbre juste au-dessus de nous, qui devait faire office de dortoir. Giada, en feuilletant le guide des oiseaux, conclut qu'il s'agissait de tisserins. J'inspirai le parfum des hautes herbes à travers lesquelles se faufilaient au loin, silencieuses, des outardes kori, pour rejoindre la forêt.

Après le coucher du soleil, le ciel s'obscurcissait vite. Les énormes dos des hippopotames s'assombrirent ; ils se mouvaient si lentement qu'il était impossible de deviner leur trajectoire. Rasant notre tente, et parfois nos têtes, les premières chauves-souris zigzaguaient à toute vitesse. Elles semblaient exécuter une chorégraphie étudiée à l'avance. Le fleuve brillait à l'horizon, une dernière lueur avant la nuit noire. La lune n'était pas au rendez-vous. Aucun système d'éclairage n'était prévu dans le camping. Nous avions nos lampes de poche que nous n'avions pas encore allumées.

Assis sur une chaise en bois, sur la terrasse devant la tente, je scrutais l'obscurité du fleuve. La savane se mit à parler une langue dont je ne maîtrisais pas un mot ! Difficile de savoir s'il s'agissait de menaces ou de messages amicaux. D'étranges et profonds frissons me parcoururent. Je les laissai m'envahir, souhaitant même qu'ils se prolongent pour qu'augmente la dose d'adrénaline qu'ils m'injectaient. Une peur instinctive, atavique, s'installait en moi. C'était probablement elle que j'allais chercher au cœur de l'Afrique.

Tout au long de la soirée, nous gardâmes le silence pour mieux repérer le moindre bruit dans l'eau, le moindre craquement dans la forêt. À plusieurs reprises, j'interrompis mon dîner pour ne pas perdre une seule bribe de la symphonie.

Le souffle du soir commençait à refroidir ma peau. La température pendant la saison sèche, qui correspond à l'hiver austral, baisse rapidement à partir du moment où le soleil se couche. Giada disparut à l'intérieur de la tente puis revint avec un pull-over.

— Tu trembles. Enfile ça, me dit-elle. J'ai oublié le mien dans le quatre-quatre...

Quand je descendis les marches pour aller récupérer son lainage, l'obscurité avait dévoré toute clarté. Du faisceau de ma lampe de poche, je balayai les abords de la terrasse à plusieurs reprises pour m'assurer que rien ne se cachait dans le noir. La Toyota n'était qu'à quelques pas mais, en avançant, j'eus l'impression que les murmures de la nuit s'intensifiaient. Je me retournai deux fois avant d'atteindre une portière. J'attrapai le chandail et fis le trajet inverse le plus vite possible. Giada rit, moi aussi. Je me sentais en sécurité sur cette plateforme pourtant ouverte sur la savane et le Zambèze.

Soudain, l'eau s'agita et nous transmit le bruit d'éclaboussures. On ne voyait rien. Des hippopotames sortaient peut-être du fleuve. Difficile d'estimer à quelle distance se produisaient ces clapotis. Si elles progressaient vers nous sur la pelouse, ces bêtes n'émettraient ni bruit ni odeur, me disais-je.

— Je rentre, déclara Giada, comme si elle devait avoir moins froid ou moins peur à l'intérieur.

J'observai le faisceau de sa lampe de poche se balader anarchiquement sur le tissu de la tente. Elle se coucha et posa la torche sur la table de nuit. La tache de lumière traversa la toile et vint mourir contre le tronc de l'arbre où dormaient les tisserins. Puis la brousse se tut. J'écoutai ce silence soudain. Était-ce bon signe ou annonçait-il l'approche d'un prédateur ?

— Viens ! me lança Giada au moment où la savane se réveillait à nouveau.

Quelques grognements sinistres, dont il était impossible de déceler la provenance, se firent entendre.

— Rentre, ils approchent ! reprit Giada qui, de toute évidence, assimilait ces bruits à l'arrivée des hippopotames.

Je jetai un dernier regard alentour. Je ne voyais rien. Je me levai et pénétrai à reculons dans la tente, pour ne pas tourner le dos à la savane. Je me déchaussai et me calfeutrai, complètement vêtu, sous la couverture, car la nuit serait froide.

Giada éteignit sa lampe de poche. Face aux ténèbres et aux monstres qui pourraient s'y cacher, un sentiment de solitude m'envahit. Toutes mes craintes enfantines affleuraient.

Durant la nuit, l'odeur de moisi qui émanait de la toile de tente nous priva du parfum des mopanes. En revanche, la toile ne faisait pas barrage aux bruits. Je les entendais comme si j'étais dehors. Je m'enfouis sous la couverture, mais ça ne changea pas grand-chose. Ces cris qui scandaient le silence comme des coups de sifflet assourdissants étaient insupportables. Ils me poursuivirent jusque dans mon sommeil, un sommeil agité où le rêve se confondait avec la réalité.

— Tu dors ?

C'était la vraie voix de Giada.

— Je ne sais pas...

— Tu les entends ? Ils sont tout proches.

— Ce sont eux ?

— De quelle autre bête pourrait-il s'agir ?

J'écoutai. Elle me tendit la main à travers l'espace qui séparait nos lits de camp. Je la pris dans la mienne et la rassurai.

— Tu sais très bien qu'on ne risque rien à l'intérieur.

— Je sais, mais j'avais besoin que tu me le dises.

Dehors le raffut persistait, un cri répondait à un autre. Le silence faisait lui aussi partie de la partition, et je m'assoupis à nouveau jusqu'au grognement suivant.

Puis, comme si mon esprit et mon subconscient s'étaient accoutumés, je sombrai dans un profond sommeil.

2 août

J'avais encore le bras dans l'espace entre les deux lits quand la lumière du petit matin m'effleura les yeux. Dehors, le jour s'affirmait. Je m'en aperçus parce que la fermeture Éclair de la tente était totalement ouverte. Je cherchai du regard Giada dans son lit, mais il était vide. Je me levai d'un bond alors qu'une confuse réminiscence de sa fuite à Kariba refaisait surface.

— Tu es là ?

Elle ne répondit pas. Je m'empressai d'attraper les deux pans de l'ouverture pour les écarter. Giada était assise sur la terrasse, enroulée dans sa couverture, les jumelles collées au visage.

— Ils sont repartis de l'autre côté, me dit-elle.
— Tu es levée depuis longtemps ?
— Depuis l'aube, et ils n'étaient déjà plus là.

En m'étirant, j'observai une toile d'araignée sous l'avant-toit, apparue pendant la nuit. Mon regard se posa inévitablement sur le fleuve au-dessus duquel des oiseaux voltigeaient, ivres de lumière.

— Je n'ai vu aucune trace de leur passage autour de la tente, ajouta Giada, qui semblait avoir exploré les environs. Ils avaient pourtant l'air si proches !

Je l'écoutais, mais j'étais absorbé par un autre spectacle au ras de l'eau. Un bec-en-ciseaux filtrait, en avançant, le liquide de son bec, sans doute à la recherche d'un poisson.

— On n'a tout de même pas rêvé ? s'inquiéta Giada.

Je pointai du doigt l'oiseau sur le Zambèze.

— Regarde ! C'est la première fois qu'on en voit un.

Elle avait ses jumelles. Elle put vraiment profiter de cette observation. Le temps que j'aille chercher les miennes, l'oiseau avait disparu. Je repensai aux hippopotames.

— Ça ne laisse peut-être pas de traces, un hippopotame.
— Au moins des excréments.

— Tu saurais les reconnaître ?

Pendant une bonne partie de la matinée, nous nous évertuâmes à identifier quelques espèces de passériformes très colorés. Les hippopotames dormaient sur l'îlot. Au moment de quitter le campement, nous passâmes au centre d'accueil, à quatre kilomètres, pour nous sentir entourés. Depuis notre arrivée, nous n'avions vu personne. J'en profitai pour me renseigner sur les hippopotames.
— Ils ne s'approchent pas des tentes, nous affirma le garde.
— Ils avaient pourtant l'air bien près cette nuit...
— Les bruits résonnent... La nuit les porte loin !
Le garde avait beau être catégorique, je ne fus qu'à moitié convaincu.
Nous lui demandâmes quel était le meilleur parcours pour un safari dans le parc.

La piste était très accidentée. Il fallait conduire très lentement. En passant près d'un étang, Giada repéra quelques crocodiles, le ventre enfoncé dans la boue au bord de l'eau, immobiles comme des statues. Plus loin, un jabiru pataugeait en cherchant à happer des poissons de son immense bec. Lorsqu'il leva ses yeux jaunes, telles des torches allumées, il sembla nous fixer. Giada prit des photos. Un cobe à croissant vint s'abreuver tandis que des mangoustes trottinaient sur la berge. Elles s'arrêtèrent simultanément pour sonder l'air, imprimant de petits mouvements convulsifs à leur tête relevée. Quelques secondes plus tard, elles étaient reparties. Un quatre-quatre, au loin, sortit du bois en hoquetant sur la piste ravinée.
— Tu vois, nous ne sommes pas seuls ! s'exclama Giada.
Arrivé à notre hauteur, le chauffeur ralentit.
— Vu quelque chose d'intéressant ? nous demanda-t-il.
Difficile de lui répondre. Tout nous paraissait magique.
— Il y avait des lions tôt ce matin, près du camp Muchemi, dit sa passagère avec emphase, visiblement très satisfaite de cette observation.

Lorsqu'ils s'éloignèrent, Giada marmonna quelques mots. Était-elle jalouse ?

Dix kilomètres plus loin et une bonne heure plus tard, au camp Muchemi il n'y avait personne. Giada cherchait les lions avec ardeur, manifestement frustrée de les avoir ratés au petit matin. Mais les bêtes ne sont plus actives en milieu d'après-midi, elles se prélassent, et les cachettes sont nombreuses. Giada scrutait le moindre buisson avec ses jumelles. Je connaissais sa persévérance. Je me concentrai sur les cris métalliques d'un drongo à la queue fourchue venu se percher sur un arbre en bordure de la piste.

— Là-bas ! s'exclama soudain Giada. Des lionnes, je crois !

Elle pointait du doigt un fourré épais, à plus de cent mètres. Elle voulut qu'on approche, mais cela m'aurait obligé à quitter la piste et à rouler sur un terrain qui me semblait boueux. Je refusai.

— Vas-y ! grommela-t-elle, surexcitée.

On aurait dit une bête sauvage qui vient de capturer sa proie, le poil encore maculé de sang, et qui ne la lâcherait pour rien au monde.

— Tu ne vois pas que c'est marécageux ?

— Tu exagères... Enclenche le démultiplicateur si tu as peur !

Elle me traitait encore une fois de froussard. Pour elle, le risque de s'embourber était nul. Je n'avais pas vraiment le choix et obtempérai. Les roues mordirent une vase heureusement peu profonde.

— Tu vois, ça tient, me lança Giada d'une voix sarcastique.

Elle m'indiqua à nouveau la direction. Le quatre-quatre glissa un peu mais finit par rouler. J'entrevis d'abord une queue qui battait les hautes herbes, puis une gueule bâilla, grande ouverte. Giada voulut prendre des photos.

— Avance encore !

Au bout de vingt mètres, j'eus l'impression que les roues avant creusaient des ornières et qu'elles patinaient. Giada s'en aperçut aussi et ne protesta pas quand j'immobilisai le véhicule. Elle prit ses clichés, totalement sereine. Les fauves – deux lionnes, me sembla-t-il – clignaient des yeux, comme s'ils nous surveillaient. J'étais inquiet. Je voulais enclencher la marche arrière, être certain que l'on pourrait redémarrer, avec des pneus reposant sur un sol assez ferme.

Giada était rayonnante. À l'œil nu ou avec les jumelles, elle s'attardait dans ses observations. Elle laissait échapper à voix basse des exclamations de ravissement. Je n'avais aucun plaisir à être là. J'aurais aimé sortir de ce marécage et retrouver la piste. Les minutes qui s'écoulèrent avant qu'elle me donne l'autorisation de reculer me semblèrent interminables.

— Tu as bien vu que c'était périlleux! me risqué-je à dire, de retour sur la piste.

Elle me regarda de cet air résigné et moqueur qu'elle avait trop souvent et, au lieu de me répondre, se mit à étudier la carte du parc. Je la trouvais insolente. Elle tapota sur un lieu précis du bout de son index. Une vive inquiétude me traversa lorsque je compris que ce serait sa prochaine proposition.

— Allons jusqu'au camp Vundu!

— C'est trop loin, il est déjà 15 heures!

Elle fit un rapide calcul mental, puis riva ses yeux bleus aux miens.

— Dix kilomètres, cela ne nous prendra pas plus d'une heure.

J'étais excédé par sa légèreté, son insouciance. Elle semblait oublier que nous étions loin de notre camp de base. D'un geste brusque, presque involontaire, j'attrapai la carte et lui indiquai notre point de départ.

— Je te rappelle qu'il fait nuit à 18 heures!

— Ce n'est pas la peine de m'arracher la carte des mains! protesta-t-elle.

Je m'attendais au pire. À ma grande surprise, Giada plissa les yeux, éblouie par le soleil descendu d'un cran sur l'horizon, et d'une voix conciliante reprit :

— Avançons un peu. On verra bien quand il sera temps de revenir.

Était-ce un subterfuge? Comptait-elle tout de même me contraindre à aller jusqu'au camp Vundu?

Un rapace, un bateleur des savanes, vint se poser sur la cime d'un acacia dressé le long du Zambèze et mit un terme à notre controverse. De longues minutes, il resta comme pétrifié sur son perchoir, sans doute à l'affût d'une proie. Puis, tout à coup, il plongea derrière des arbustes.

Lorsque je pris la direction du camp Vundu, une famille de pintades surgit de l'ourlet de végétation bordant la piste et gagna l'autre côté en trottinant. L'une d'entre elles revint soudain sur ses pas, hésitante, comme si elle avait perdu la trace du groupe. Je freinai pour l'éviter. Puis j'accélérai la cadence pour empêcher la nuit de nous rattraper.

— Tu vas trop vite, protesta Giada, on n'y voit plus rien.

Un kudu mâle orné de ses énormes bois spiralés traversa la piste avant de disparaître, avalé par les troncs d'arbres. Giada me força inutilement à m'arrêter dans l'espoir de voir passer le reste du troupeau. Quand nous atteignîmes le camp Vundu, il était déjà 16 heures. Le lieu était désert, nous n'avions croisé personne non plus sur la piste. Nous étions seuls.

Au camp Vundu, une bifurcation conduisait à une petite falaise d'où l'on pouvait apercevoir le fleuve, et notamment, sur l'autre rive, la Zambie et les très vagues contours d'un lodge à l'orée d'une forêt. Le Zambèze était très large à cet endroit. En contrebas, entre le gravier et l'eau, couraient des vanneaux à tête blanche ; leurs longues caroncules jaunes pendaient à la base de leur bec. Un varan traînait son corps lourd et pataud en dressant son grand cou tigré. Des traces de pneus de quatre-quatre s'entrelaçaient dans le sable de la piste.

Le Zambèze était fascinant sous la lumière rasante de cette fin d'après-midi. Nous vivions un moment magique, un moment où nous sentions pousser en nous une sorte d'apaisement, comme l'herbe dans un pré après une nuit orageuse. Je me laissai hypnotiser, les minutes s'égrenaient, et seul le cri strident d'une ouette de passage me sortit de cet envoûtement. Je regardai ma montre. Il fallait rentrer ! Nous étions à plus d'une vingtaine de kilomètres de notre camp de base.

Giada acquiesça, malgré une nouvelle petite moue de mécontentement. Nous retournâmes sur la piste principale, toujours aussi déserte. Cette solitude me pesait, et Giada dut déceler mon anxiété dans les muscles crispés de mon visage.

— Ne roule pas si vite, me dit-elle, on a le temps.

Nous aurions effectivement eu le temps de rentrer si nous n'avions pas crevé! La Toyota s'inclina soudain sur la droite. Je crus d'abord à un ravinement, mais je dus vite me rendre à l'évidence.

— Pas étonnant, tu roulais comme un forcené!

Je ne répondis pas, elle m'exaspérait. Je me penchai par la fenêtre pour observer le pneu, et tapai violemment de la paume de la main contre la carrosserie pour décharger ma tension. Giada se tut. Je scrutai l'horizon pour m'assurer qu'aucune bête ne rôdait dans les parages. Le ciel était immaculé. Dans la forêt se faufilaient des îlots de lumière et la savane ne criait pas, on n'entendait même pas un murmure! J'eus pourtant un sentiment d'insécurité en quittant l'habitacle.

Le pneu était totalement à plat. Qu'est-ce qui avait pu provoquer cette crevaison? Un caillou trop pointu? Une pression trop élevée?

Je m'accrochais à des pensées inutiles au lieu d'agir, de changer cette roue avant que la nuit ne nous surprenne.

À l'interrogation muette de Giada, qui me regardait ouvrir le coffre, je répondis:

— Je sors les outils!

Elle se récria en comprenant que j'avais l'intention de changer la roue. Mieux valait, selon elle, appeler pour qu'on vienne nous aider. Elle jugeait plus prudent d'attendre dans la voiture. Il n'y avait évidemment pas de réseau dans le parc et elle prit le téléphone satellitaire dans la boîte à gants. Je revins m'asseoir dans le quatre-quatre. Elle avait peut-être raison. Giada chercha le dossier où j'avais rangé tous nos documents pour trouver le numéro du centre d'accueil. Elle fit une grimace, comme si elle avait reçu un coup de poing dans l'estomac.

— Merde, j'ai tout laissé dans la tente!

Je tournai la carte du parc dans tous les sens, mais il n'y avait aucune autre inscription que le nom des lieux et les distances en kilomètres.

La luminosité baissait. J'envisageai à nouveau de sortir changer la roue. Giada avait une autre solution.

— Je peux contacter Alessio à Kariba. Il appellera le centre d'accueil, leur donnera nos coordonnées.

J'entendis très distinctement cette phrase, mais je n'avais nullement l'intention d'accepter. Pas question que cet Alessio s'immisce encore dans nos vacances ! J'allais changer cette roue moi-même ! Et si un lion approchait en catimini, tant pis. Giada semblait stupéfaite, mais elle n'osa pas me tenir tête.

Je fis sauter le cache de la jante à l'aide d'un tournevis. À plat ventre, je cherchai un point d'appui sur le châssis pour y positionner le cric. Un petit vent venu du fleuve soufflait des feuilles mortes sous la voiture, jusqu'à mon visage. Je les balayai du revers de la main. Une fois le cric en place, je me relevai pour tourner la manivelle ; le quatre-quatre se dressa un peu. Comme je m'y attendais, les écrous étaient serrés à bloc. J'en dévissai un, mais les trois autres me résistèrent.

— Saloperie ! m'écriai-je, furieux, en jetant la clé dans les fourrés.

Découragé, j'enlevai le cric. Ce fut à cet instant précis que mon angoisse revint en force. Je transpirais, haletais. Depuis combien de temps étions-nous coincés ici ? Je craignais que le soleil ne disparaisse d'un coup. Il avait l'air déjà si faible. Toute la brousse s'était réveillée, elle qui se faisait oublier quelques minutes plus tôt. Je sautai dans la voiture. D'un mouvement nerveux, je tournai la clé de contact et démarrai. La Toyota fit un bond en avant, hoqueta sur quelques mètres.

— Tu es fou, me cria Giada, tu vas tout casser !

Je stoppai le véhicule, inspirai profondément. Je savais bien qu'il était impossible de parcourir plus de vingt kilomètres dans ces conditions.

Le fleuve, au loin, était encore clair, mais le sous-bois s'assombrissait et des monstres commençaient à se cacher dans la forêt et dans ma tête. Un silence s'installa, que Giada eut le tact de ne pas briser par des paroles insignifiantes. Je saisis le téléphone satellitaire, déployai l'antenne et l'allumai. J'attendis qu'il trouve un réseau, mais le message qui s'afficha à l'écran après quelques longues secondes fut celui-ci : « *No connection.* » Je passai mon bras à l'extérieur pour le lever le plus haut possible et balançai le téléphone de droite à gauche. Toujours rien !

— Il y a trop d'arbres, dit enfin Giada, judicieusement. Il faudrait un endroit bien plus dégagé.

Cet endroit ne pouvait être que le bord du Zambèze !

Il était presque 17 h 30. Il aurait fallu trouver le courage d'aller jusqu'au fleuve à pied, de traverser la savane. Il ne semblait pas pensable a priori de suivre la bifurcation, de revenir vers le fleuve avec un pneu à plat. Nous hésitâmes, mais plus nous attendions, plus il faisait sombre. Je finis par manœuvrer pour tourner la Toyota dans la bonne direction. La jante grinça, crissa en émiettant des petits cailloux. Je roulai au ralenti. Giada fixait l'écran du téléphone dans l'espoir d'un revirement de situation. Le signal ne passait toujours pas. Je m'arrêtai après quelques dizaines de mètres. Je voulais contrôler l'état de la roue.

— Continue d'avancer, me dit Giada avec assurance.

Je redémarrai, une pierre gicla, la savane s'en plaignit par un froissement de branches.

Il faisait nuit noire quand nous atteignîmes la petite falaise. On voyait au loin, de l'autre côté du fleuve, de petites lumières perdues dans la forêt, celles du lodge en Zambie.

— Elles sont à quelle distance ? demanda Giada.

Les constructions devaient se tenir à plusieurs centaines de mètres, peut-être un kilomètre. Avec la végétation qui les entourait il n'était même pas certain qu'on puisse apercevoir la lueur de nos phares.

Giada, qui n'avait cessé de scruter l'écran du téléphone, le caressait comme un chat qu'on voudrait faire ronronner.

— Ça y est ! s'exclama-t-elle soudain d'un ton joyeux.

Elle sauta hors du véhicule, sans plus s'inquiéter des dangers, de la faune tapie dans l'obscurité.

— Fais attention !
— Ça va et ça vient, me cria-t-elle, il faudrait s'approcher plus près de la rive.

Dans la lueur des phares, je la vis se diriger vers le bord de la falaise.
— Reviens, attends !

Spectateur effrayé, je scrutai du regard les environs à la recherche d'ombres suspectes. Giada, quant à elle, observait le ciel. J'entendis alors un craquement sinistre. Giada dut le percevoir aussi car, semblant s'éveiller en sursaut d'un profond sommeil, elle poussa un cri et revint en courant se réfugier dans la voiture.
— Il y a une bête dehors, là, sur la droite !

Elle pointa son index vers le pare-brise, dans la direction suspectée. Une ombre se fondit dans la nuit. Giada frissonna. Je posai ma main sur sa cuisse.
— Qu'est-ce qui t'a pris de sortir comme ça ?

Elle secoua la tête, expira longuement. Puis, comme par un automatisme, elle se concentra à nouveau sur le téléphone.
— Roule jusqu'au bord, insista-t-elle, il y a trop de branches ici !
— Je crains que la falaise ne s'effrite sous le poids du véhicule.
— C'est bête, il ne manque pas grand-chose pour que le signal soit stable.

Je n'envisageais pas de parcourir le dernier tronçon à pied, et Giada me fit comprendre par son silence qu'elle ne tenterait plus de sortie.
— Peut-être que le signal est fluctuant, suggéra-t-elle, peut-être qu'il nous parviendra tout à l'heure...

Il était 18 h 30, les bruits revenaient, les mêmes que la veille. D'abord, les cris des oiseaux. J'attendais les grognements des hippopotames. Giada scrutait les lueurs lointaines du lodge. Dans l'obscurité de l'habitacle, je ne voyais pas son expression, mais devinais qu'elle était au bord des larmes. Je dus retenir les miennes en imaginant le pire des scénarios, celui où le signal n'arriverait jamais, même tout au bord du fleuve. Personne ne s'apercevrait de notre absence avant deux jours, date à laquelle nous étions censés libérer la tente de nos affaires.

Giada vint se blottir contre moi. En lui caressant la joue, je constatai qu'elle avait bel et bien pleuré. Je posai deux ou trois baisers sur son front. Je tentai de la rassurer, espérant ce faisant me délivrer aussi de ma propre inquiétude.

— On ne risque rien dans la voiture. On a des réserves de nourriture. On baissera le dossier des sièges pour dormir.

Elle appuya sa tête contre mon épaule. Je regardai droit devant, cherchant une solution pour atteindre la berge sans risque, mais mon œil se perdit dans le vague de la nuit. La chaleur du jour commençait à se dissiper. Il ferait de plus en plus froid jusqu'au retour du soleil. Il allait falloir allumer le chauffage, laisser tourner le moteur. J'eus une pensée amusée pour la pénurie de carburant.

Tout à coup, Giada s'anima, elle essuya ses larmes du revers de la main, renifla, regarda dehors avec appréhension et s'exclama :

— J'ai une envie terrible de pisser !

Je passai à l'arrière pour m'extraire de l'habitacle du même côté qu'elle. J'ouvris la portière. Le faisceau de la lampe de poche se fraya un chemin dérisoire dans l'obscurité. Je scrutai les ténèbres et déclarai sans en être totalement convaincu :

— Vas-y, il n'y a rien !

Quelques secondes plus tard, le filet d'urine cognait contre le gravier. J'agitai le faisceau de la lampe de poche jusqu'à ce que Giada regagne l'habitacle. Je rentrai à mon tour, précipitamment.

— J'ai voulu faire vite, je me suis un peu pissé dessus !

Je pris de l'eau, des boîtes de thon et du pain à l'arrière. Nous mangeâmes en écoutant les sifflements chevrotants d'engoulevents invisibles, puis je fis basculer le dossier de mon siège.

— N'éteins pas les phares, me demanda Giada, ça peut tenir les bêtes à distance !

Je lui pris la main. Elle se coucha aussi, non sans avoir contrôlé une dernière fois le téléphone.

3 août

La voix de Giada me réveilla :
— Il faut avertir le centre d'accueil !
Elle était accrochée au téléphone. Je soulevai le torse, elle me sourit, afficha une mimique de satisfaction. Ses dents blanches brillaient dans l'obscurité. Elle écoutait son interlocuteur. Il était 1 heure du matin. Giada bafouilla quelques remerciements sous l'emprise d'une émotion patente. Puis elle raccrocha, euphorique.
— Le signal, me lança-t-elle en écarquillant les yeux, je l'ai eu !
— À qui parlais-tu ?
— J'ai pu avoir Alessio à Kariba.
Je restai coi, stupéfait. Je ne savais pas comment réagir. Nous aurions aussi bien pu téléphoner à un ami en Europe. J'étais vexé, fâché par le lien insidieux qu'elle semblait avoir tissé avec cet Alessio. Je réfrénais ma colère.
— Je n'ai pas dormi, dit Giada, je contrôlais le signal.
Je regardais droit devant, crispé, pour qu'elle comprenne mon irritation. Les lumières du lodge en Zambie étaient éteintes. Un court instant, j'imaginai que cette nuit inquiétante et énigmatique nous avait fait bouger, changer de place. Alessio rappela pour nous informer que personne ne répondait au centre d'accueil, qu'il réessaierait dès l'aube.
Je ne fermai plus l'œil du reste de la nuit, Giada non plus.

À l'instant où une ligne rosâtre sortait de la rivière à l'est, la terre se mit à trembler. Totalement médusés, nous vîmes d'immenses ombres approcher de l'arrière du véhicule. Des rocs, des masses énormes qui se mouvaient lentement, sans faire de bruit. Je me figeai, Giada s'agita. Jugeant plus prudent de rester immobiles, je la pris par le bras, la bloquai dans cette position.
— Ne bouge pas !

Mais notre panique redoubla au moment où un fantôme sombre, colossal, s'encadra dans le rétroviseur. Un éléphant! Nous n'osions pas nous retourner. La peur nous paralysait. J'avais du mal à respirer. La Toyota bougea quand le mastodonte frôla de ses pattes le pare-chocs arrière. Je plaquai ma main sur le poignet de Giada, priant pour qu'il passe son chemin comme les autres, qui défilaient sur le côté. Ils marchaient vers l'est, vers la lumière. Le temps s'arrêta, les secondes collées les unes aux autres, interminables. Je transpirais. Un très long moment s'écoula avant que l'éléphant daigne enfin suivre le troupeau.

—J'ai eu une de ces peurs, fit Giada.
—Chut!

Sur la droite je voyais encore des fessiers colossaux se balancer au ralenti, au rythme des pas lourds.

Le jour se leva enfin, révélant un ciel orangé parcouru d'une traînée nuageuse. J'aperçus les éléphants qui nageaient dans le Zambèze, leurs trompes relevées pour faire office de tuba. C'était l'heure où les fauves rentraient de la chasse, repus, les babines encore ensanglantées.

La nuit m'avait fourbu. Je me sentais comme un pigeon voyageur à peine arrivé à destination. J'avais les jambes raides, ankylosées d'être restées pliées des heures durant. Je m'étirai, hésitant à sortir du véhicule. Bientôt les parages seraient limpides, reconnaissables, et le danger, visible. Au loin, de la fumée s'élevait du lodge en zigzaguant au gré d'un petit vent tournant. Des coussins de brume s'attardaient sur le Zambèze.

J'éteignis les phares. J'espérais que le téléphone daigne se réveiller. D'un accord tacite, sans souffler mot, nous gardâmes le silence avec Giada, dans l'attente de la sonnerie. Alessio ne tarda pas à se manifester mais, durant la communication, le signal faiblit, comme si seule la nuit pouvait l'apprivoiser. Giada sortit sans réfléchir en direction du fleuve, le récepteur collé à l'oreille. Je la voyais parler, sans pouvoir l'entendre. Je l'observai changer de position, danser comme une ballerine dans une boîte à musique, puis elle se figea, probablement satisfaite de la force du signal. Elle me tournait le dos à présent. Je me trouvai face à un dilemme : devais-je la rejoindre pour participer à la conversation, ou rester dans la voiture pour ne pas me montrer trop pressant, trop inquiet, trop jaloux ?

Bien que la température, à cette heure de la journée, fût très basse, leur conversation dura une éternité. J'étais désemparé. J'aurais voulu entendre les paroles d'Alessio. Il devait lui faire du boniment. J'aurais presque aimé voir surgir une bête sauvage, pour qu'elle soit contrainte de revenir dans la voiture.

Lorsqu'elle baissa enfin le bras et se tourna vers moi, j'eus l'impression que la lumière avait eu le temps de monter d'un cran. Le bleu du ciel et celui du fleuve ne se confondaient plus.

— Ils arrivent, clama-t-elle en s'approchant.

Elle savait que j'attendais plus de détails de cette longue conversation. Elle se réfugia dans la chaleur de la Toyota.

— Je lui ai parlé de notre nuit.

— Qu'a-t-il dit ?

— Rien. Il était juste inquiet.

Je me sentis en danger tandis que Giada déversait dans l'habitacle des mots pour retracer les événements qu'elle lui avait relatés. J'avais l'impression qu'elle lui avait dévoilé des bribes de notre intimité, qu'elle était déjà dans un autre monde, éloignée du mien, du nôtre, comme si elle m'avait déjà trahi.

Peu après, les secours arrivèrent. Ils avaient tout le matériel pour déjouer la machination des écrous trop serrés. Ils avaient même un thermos de café chaud et des biscuits.

Quelques heures plus tard, les hippopotames grognaient au bord du fleuve alors que nous somnolions, exténués mais sains et saufs, sur la terrasse devant notre tente de safari.

IV

Giada
Rive du Zambèze, 3 août, 6 h 30 du matin

—Allô ? Je ne vous entends plus !

J'avais perdu le signal. Je devais m'approcher du fleuve. Vite ! Je courus, et la voix chevrotante, presque inaudible, d'Alessio se fit de plus en plus ferme :

—Vous m'entendez ?

Au bord de la falaise, je dus encore ajuster ma position. Je pivotai, fis un tour complet. Finalement, c'était face au Zambèze, face à la lumière montante, que j'avais la meilleure réception.

—Je leur ai dit que vous étiez au camp Vundu.

J'eus un léger frisson en songeant à mon imprudence : j'avais quitté la voiture sans réfléchir ni contrôler s'il y avait des animaux et, maintenant, la présence de la savane dans mon dos m'angoissait. J'aurais voulu me retourner, mais le signal aurait faibli. Je comptais sur Yanis, resté dans la voiture, pour assurer mes arrières.

—Ça va ? me demanda Alessio.

Je lui répondis que j'étais frigorifiée, que j'attendais impatiemment les premiers rayons du soleil, que l'horizon rougissait.

—Vous avez eu froid, cette nuit ?

—Non, Yanis a gardé le moteur allumé, nous avions le chauffage dans la voiture.

—J'aurais aimé vivre cette aventure avec toi.

—Ne dites pas de bêtises.

—J'ai souvent pensé à toi, à notre rencontre surréelle.

Alessio exagérait, amplifiait des sentiments que je ne comprenais pas. Son insistance m'arracha quelques réponses imprudentes. Yanis pouvait s'approcher à tout instant. Mais Alessio s'acharnait à prolonger la conversation et me posait d'innombrables questions sur les événements de la nuit. Puis il s'enquit de ce que nous avions planifié pour la suite de notre voyage.

— Comptez-vous repasser par Kariba ?
— Non, nous descendrons directement sur Harare.

Je n'aurais pas refusé de me laisser encore hypnotiser par ses yeux verts, mais j'avais convaincu Yanis de continuer notre périple.

— J'aimerais bien te revoir.
— À Domodossola. Alessio, j'ai les émeraudes.
— Es-tu heureuse avec lui ?
— De quoi parlez-vous ?

Je voulais couper court à cette conversation. Il était trop direct, trop exalté. Je ne lui devais rien et je ne lui avouerais certainement pas mon attrait pour lui. La fumée du lodge, en face, de l'autre côté de la rive, devint tout à coup rectiligne : le vent était tombé. J'avais de plus en plus froid et je finis par mettre un terme à notre conversation.

— Je vous verrai à Domodossola, Alessio. Restons-en là, s'il vous plaît !

Je sentais la brûlure des émeraudes. Je les avais sur moi, dans la poche de mon pantalon. Pourquoi les avais-je acceptées ? Pour le revoir, évidemment !

Je retournai à la Toyota et m'engouffrai dans la chaleur de l'habitacle.

— Ils arrivent, annonçai-je à Yanis.

V

Yanis
Zimbabwe

Malgré quelques imbroglios, le Zimbabwe se montra passablement clément avec nous.

Dans la majeure partie du pays sévissait aussi une pénurie d'électricité. Le courant n'était disponible qu'entre 22 heures et 4 heures du matin. Un horaire saugrenu, a priori incompréhensible, mais qui permettait au moins de recharger les téléphones. En ville, la traversée des carrefours aux feux de circulation éteints demandait une vigilance particulière. Les petits commerces ouvraient leur porte pour survivre, parfois à la lueur de quelques bougies. Quant aux supermarchés, ils fonctionnaient grâce à des générateurs. Dans les lodges, le soir, une employée nous apportait avec un sourire aimable des lampes solaires, chargées durant la journée sur les pelouses des jardins.

L'essence ne nous fit jamais défaut. Les propriétaires des lodges éventaient des adresses prétendument secrètes. Nous nous retrouvâmes à certaines occasions dans des lieux étranges où l'essence coulait des bidons, où l'on distribuait un carburant à la provenance mystérieuse, vendu au prix fort.

Côté argent liquide, Giada ne se priva pas de me faire remarquer que nombre de petits commerçants acceptaient les dollars. Parfois, elle m'étouffait de ses commentaires narquois à propos de mes angoisses. Elle était comme un serpent qui enserre sa proie sans jamais lâcher prise. Elle était pourtant bien renseignée. Il n'y avait même aucun problème à se procurer la devise locale. S'il n'était pas possible d'en obtenir auprès des banques, d'habiles monnayeurs convertissaient les dollars en bonds, certes à un taux défavorable et avec la discrétion de rigueur.

De temps à autre, à la nuit tombante, Giada s'absentait de longues minutes dans les jardins du lodge. Je l'attendais, assis devant la chambre. Surgissant de l'obscurité des buissons, elle s'approchait, radieuse, de la lumière réconfortante des lampes solaires.

— Parfois, j'éprouve le besoin d'être seule, me disait-elle alors.

Je la soupçonnais de téléphoner en cachette à Alessio.

Mis à part les frayeurs nocturnes dans la savane et l'étrange excitation qu'elles me procuraient, nous ne nous sentîmes jamais en danger au Zimbabwe. Bien sûr, nous étions des privilégiés. Nous ne nous étions frottés qu'aux côtés faciles et confortables de ce pays, en oubliant que la population souffrait énormément de la crise économique.

Depuis les chutes Victoria, nous regagnâmes la Zambie. Nous devions rendre le véhicule de location à Lusaka, point de départ de notre périple. Au passage de la frontière, Giada se montra étrangement nerveuse. Elle était dans un état d'agitation évident, parlait d'une voix fébrile, avait des gestes impatients. Ce fut certainement à cause d'elle qu'ils fouillèrent la voiture.

— Qu'y a-t-il ? lui demandai-je en quittant le poste de douane.

— Je ne sais pas, ce doit être l'excitation de rentrer !

Suisse, 21 août

À notre arrivée en Suisse, une surprise désagréable nous attendait. La maison n'était pas vide.

À mon insu, Moana, ma sœur, s'y était installée avec son petit-fils pour profiter du bord du lac et de sa plage toute proche.

Elle était radieuse lorsqu'elle nous ouvrit la porte. Le lourd silence qu'elle reçut en retour ne sembla pas la désarçonner.

— Bienvenue à la maison ! s'exclama-t-elle.

Elle avait les clés puisqu'il s'agissait de la maison familiale. J'avais omis de lui demander de me les rendre lorsque j'en avais pris possession. Mais comment avait-elle pu avoir l'outrecuidance de venir sans m'en avertir ? Des images de notre enfance me revinrent, qui ne m'apportèrent aucune explication.

— Heureusement que j'ai arrosé vos plantes, elles en avaient bien besoin, ajouta Moana d'un ton candide.

Elle devait être aveugle pour ne pas voir que nous étions aussi sidérés qu'exaspérés.

— Entrez donc, vous êtes sûrement fatigués !

Dans un élan de dérision ou de désespoir, je dis tout haut, en m'adressant à Giada :

— Tu vois, notre domestique est là pour nous accueillir !

— J'ai aussi tondu le gazon, répondit Moana, nullement troublée.

Giada surveillait ma sœur d'un œil fébrile. Elle finit par entrer et posa son bagage brutalement sur la table à manger. Je fis de même, plus tranquillement – mieux valait essayer de calmer le jeu.

Moana s'était installée dans son ancienne chambre. Elle avait récupéré les deux matelas de réserve au garage. Elle s'évertuait, avec une subtile application, à tenter de nous faire accepter son envahissement. Elle mettait en avant tous les avantages de son arrivée. Je ne pus éviter de penser à l'aversion que cultivait déjà Giada envers cette maison. Giada n'hésita d'ailleurs pas à me chuchoter quelques mots que Moana ne put entendre, mais qui résonnèrent avec force à mes oreilles :

— Soit elle s'en va, soit c'est moi.

— Nous vous attendions, reprit Moana de sa voix mielleuse. Tout est prévu pour le déjeuner.

Giada profita d'un moment d'inattention de ma part pour s'éclipser. Sans doute était-elle descendue à la plage. Dans un sursaut de lucidité, je demandai à Moana ses intentions. Un sourire énigmatique aux lèvres, elle finit de me déstabiliser en répondant :

— Je reste jusqu'à la fin de la semaine, jusqu'à la rentrée scolaire de Manu.

VI

Giada
Zimbabwe

J'exhortais Alessio à arrêter de m'envoyer des SMS. J'étais catastrophée. Yanis n'était ni sourd ni dupe, il avait remarqué que j'en recevais beaucoup. Je lui disais qu'il s'agissait de messages de Barbara ou d'Ariana, mais j'avais du mal à dissimuler mon malaise. En général, mes amies ne me sollicitaient pas aussi souvent pendant nos vacances.

Bien que je n'aie pas répondu à ses premiers SMS, Alessio avait continué de m'en envoyer. Des messages ambigus. Il me courtisait. Mes premières réponses avaient témoigné de mon agacement, de ma contrariété. Puis il changea un peu de ton et je m'astreignis à continuer nos échanges. À un moment donné, je faillis montrer les émeraudes à Yanis, mais lui révéler ce secret aurait donné du crédit à ses probables soupçons. Et puis, paradoxalement, je désirais partager cette forme d'intimité avec Alessio, un compatriote.

J'avais parfois l'impression d'être à mille années-lumière de Yanis à cause de nos origines différentes. De petits riens nous éloignaient : le souvenir d'une vieille publicité, d'une chanson qu'on diffusait partout en Italie pendant mon enfance. Souvent, lorsque je parlais, c'est mon ton de voix aigu, ma gestuelle qui l'incommodaient. Je m'exprimais comme le faisait maman, comme le faisaient tous les Italiens, en parlant fort, en m'agitant. Alessio avait les mêmes racines que moi. Son accent, son intonation continuaient de résonner dans mes oreilles longtemps après nos conversations, comme si je venais de quitter un ami de longue date. Mais que signifiait ce lien secret que je voulais à tout prix tisser avec lui ? Étaient-ce les prémices de la fin de ma relation avec Yanis ? Je gardais pourtant encore en moi d'agréables sensations quand je pensais à tous les délicieux moments partagés avec lui.

Une chose était certaine, je suffoquais dans sa vieille maison. Il y conservait les souvenirs de sa famille qu'il choyait de manière presque obsessionnelle. Il m'avait contrainte à garder une bonne partie des meubles vétustes de ses parents. J'avais de la peine à m'y faire une place. Un monde étrange et hostile évoluait autour de moi. N'avais-je pas envie, moi aussi, par réaction, de renouer avec mes origines ? La maison était pourtant admirablement située : au bord d'un lac, à deux pas d'une superbe plage sauvage à souhait. Mais, dans ce lac, c'était parfois mon reflet morcelé que je contemplais. Je ne me reconnaissais plus. J'aurais dû refuser ce déménagement.

Au moment de passer la frontière, aux chutes Victoria, j'avais senti les émeraudes brûler au fond de ma poche. L'appréhension me tortillait le ventre. Je songeai même à jeter le sachet. Devrais-je rembourser ces pierres si elles n'arrivaient pas à destination ? Je n'avais rien signé, il n'y avait aucune preuve de mon implication dans cette affaire. Mais l'étrangeté de ce lien avec Alessio me contraignait à les garder. Il m'avait assuré que leur transport était légal. Mais faudrait-il tout de même que je m'acquitte d'un dessous-de-table ? À chaque nouvelle pensée sur les difficultés que je pourrais rencontrer aux frontières, il me semblait descendre au fond d'un puits, avec la peur de m'y noyer. Et Yanis avait remarqué ma nervosité, je m'en rendais bien compte.

À l'aéroport de Lusaka, le doute me rongea à nouveau. Je pris le sachet dans ma main et, inquiète, le tins suspendu au-dessus d'une poubelle. Il n'y avait plus qu'à lâcher quelque chose qui, après tout, ne pesait rien, n'existait pas officiellement.

— Viens, le comptoir d'enregistrement est ouvert ! me cria Yanis.

Je remis les émeraudes dans ma poche, mais la peur qu'elles soient détectées au contrôle de sécurité me tarauda.

— Tu es bien silencieuse ce matin, me fit remarquer Yanis.

Je me taisais pour tenter de dissimuler un trouble que des mots auraient trahi, mais je devais être aussi lumineuse et fébrile qu'une luciole dans ses voltiges.

À la dernière seconde, je glissai discrètement les émeraudes dans ma valise. Je prenais le risque de les perdre de vue, mais cette solution m'apparut comme la meilleure. Je ne connaissais pas la valeur réelle de ces pierres. Entre quatre cents et cinq cents euros le carat, d'après Alessio. Mais devais-je le croire ?

Durant le vol de nuit pour Zurich, malgré le somnifère et l'obscurité qui invitaient au repos, je ne fermai pas l'œil. J'étais si inquiète de perdre la valise. Heureusement, elle était au rendez-vous sur le tapis roulant à bagages.

Au passage de la douane suisse, j'eus une hésitation en empruntant la file « Rien à déclarer », certaine qu'un officier m'avait pointée du doigt.

— Avance ! me lança Yanis.

Mes yeux fatigués déformaient-ils mes perceptions, ou était-ce mon subconscient qui me jouait des tours ?

Les émeraudes devaient encore passer en Italie. Pour avoir effectué ce voyage à d'innombrables reprises, je savais que les contrôles étaient rares. En revanche, il me faudrait trouver un prétexte pour me rendre seule à Domodossola. Yanis m'y accompagnait presque à chaque fois !

Suisse, 21 août

La porte de la maison s'ouvrit toute seule. Moana, la sœur de Yanis, sortit sur le perron, avec la vigueur surnaturelle d'un diable à ressort. Elle disait s'être installée pour arroser les plantes, tondre le gazon. L'alchimie néfaste de ses paroles m'empêchait de trouver une explication à sa présence. Elle avait insidieusement mis un pied dans mon univers déjà chancelant, et je me sentis tout à coup inexistante. Ma voix vacilla, trembla, aucun mot intelligible ne parvint au bout de mes lèvres. J'entrai en silence. Moana avait fleuri la maison, sa maison d'enfance. Yanis ne protesta pas vraiment, il se contenta de quelques plaisanteries d'un goût douteux.

Manu, le petit-fils de Moana, nous attendait tout sourire, debout, à l'entrée du salon. Je le bousculai en posant ma valise brutalement sur la table. J'étais très contrariée. Avait-elle utilisé ma salle de bains, ma brosse à dents ? Et si c'était Yanis qui lui avait proposé lui-même de venir ? Je cherchai son regard mais, dans ses yeux, une expression de surprise mêlée de crainte semblait l'emporter. Son souffle s'était accéléré dès que Moana avait ouvert la porte. Il savait que j'étais furieuse. À peine Moana tourna-t-elle la tête que je lui chuchotai d'un ton exaspéré :

— Soit elle s'en va, soit c'est moi !

Je tentai de me persuader que Moana repartirait très vite, mais ne réussis pas à me calmer pour autant. Le culot de cette femme était plus que je n'en pouvais supporter. Discrètement, je m'éclipsai au jardin. Et descendis à la plage.

Une brise fraîche soufflait de l'est, créant une houle soutenue. Je marchai jusqu'au bout de la jetée d'où, en me retournant, je crus apercevoir Moana et Yanis qui gesticulaient sur la terrasse. Je m'assis en plein vent, et c'est ce souffle qui apaisa ma tempête intérieure.

Je sentis soudain la présence de Yanis derrière moi. Il posa les mains sur mes épaules et les serra un peu, comme pour me retenir.

Je voulus le rassurer :

— Ce n'est pas si grave. Nous n'étions pas là, après tout !

— Nous avions fait un pacte, me répondit-il. Moana m'a laissé hériter de la maison familiale, pourvu qu'elle puisse y venir de temps à autre. Je ne te l'ai pas dit, je sais, mais je ne pensais pas qu'elle agirait ainsi, sans m'avertir.

Un véliplanchiste passa, rapide comme l'éclair, à quelques mètres de la jetée. J'aurais souhaité le rejoindre, filer au loin vers l'ouest. Mais je dis tout autre chose, pour ne pas l'accabler :

— Si elle se borne à venir pendant que nous sommes en voyage...

Yanis appuya les mains plus fortement sur mes épaules, et j'eus vraiment l'impression qu'il cherchait à prévenir un mouvement inconsidéré de ma part.

— Le problème, c'est que... Elle a prévu de rester jusqu'à la fin de la semaine, reprit-il d'un seul jet.

Je n'avais qu'une envie : fuir, me jeter à l'eau, mais il me maintenait au sol. Il s'agenouilla, passa un bras autour de mon cou, me plaqua contre lui et m'embrassa les cheveux.

— Lâche-moi !

Je me dégageai brusquement de son étreinte, pour lui prouver mon insoumission.

— Pas question, dis-lui de partir !

— Je ne peux pas. Je n'y arrive pas, c'est ma sœur, c'était notre maison de famille !

Je fis volte-face. Yanis n'osait plus me regarder. Il avait les yeux rivés sur le ciel argenté.

— J'ai une solution, me souffla-t-il.

Il se tut, comme s'il cherchait à savoir si je l'écoutais.

— Il nous reste cinq jours de vacances, poursuivit-il enfin, partons voir ta mère à Domodossola.

Moana ne fut pas du tout vexée par l'annonce de notre départ, probablement parce que Yanis laissa planer un doute. Ce séjour en Italie était prévu de longue date, précisa-t-il. Moana parut se réjouir de pouvoir encore régner en maîtresse de maison.

— Tu as raison d'aller voir ta vieille mère, me déclara-t-elle d'une petite voix pateline.

Je passerais donc les pierres en Italie plus tôt que prévu. Mais ni à Kariba ni dans aucun de ses messages, Alessio ne m'avait spécifié une date précise pour son retour. Il avait vaguement mentionné début septembre. Pour l'heure, ma visite à Domodossola s'inscrirait dans un tout autre registre : m'occuper de ma mère !

À quatre-vingt-huit ans, maman méritait bien qu'on lui consacre du temps. Elle était toujours autonome, conduisait encore sa Mini Cooper, même si ce n'était plus que pour de courts trajets. J'étais profondément attachée à maman, je pensais très souvent à elle. Elle n'appréciait pas beaucoup Yanis, et je songeai que je lui ferais un immense plaisir si je le quittais.

Pour arriver en Italie, il fallait passer le tunnel du Simplon, long de vingt kilomètres. C'était durant cette traversée que les douaniers contrôlaient les voyageurs.

Quand le train pénétra dans le tunnel, j'eus l'impression d'avoir dix kilos dans ma poche. Le sachet des pierres soulevait très légèrement le tissu de mon pantalon, mais ce minuscule renflement me semblait aussi voyant qu'une montagne. La peur me faisait transpirer. Plongé dans la lecture d'un journal, Yanis ne se rendait compte de rien. Je craignais d'éveiller les soupçons des douaniers par ma nervosité. Si seulement j'avais pu créer le vide dans ma tête pour oublier que j'étais en possession de ces maudites gemmes. Je levai le menton pour happer des bouffées d'air. Le train roulait à toute allure dans l'obscurité. Je voyais défiler, à intervalles réguliers, les lanternes allumées accrochées au mur de la galerie. Elles marquaient les distances. Un souvenir d'enfance me revint en tête, oppressant, celui d'un convoi qui avait déraillé ici, causant plusieurs morts. Était-ce parce que je n'avais pas la conscience tranquille que je redoutais qu'une punition divine ne répète l'accident ? Il s'était produit au milieu du tunnel, là où il y a un aiguillage. *Vivement que l'on dépasse ce point*, me dis-je. L'air comprimé qui s'engouffrait dans le compartiment produisait des sifflements. Personne ne semblait gêné. Tout le monde était calme.

Soudain, la porte au bout de la voiture s'ouvrit. Deux douaniers avec un chien. Je savais que c'était pour la drogue, mais ne fus pas rassurée pour autant. Et si les pierres précieuses avaient aussi une odeur particulière ? Ils avançaient. La bête tenue en laisse avait l'air pacifique, elle s'arrêta, remua le museau dans un mouvement circulaire, puis repartit. Les douaniers contrôlèrent quelques passagers. Je tentai de me rassurer en me remémorant les mots d'Alessio : « Ce ne sont pas des émeraudes d'une très grande valeur. » Ne devrais-je pas tout simplement les déclarer ? Mais qu'aurait dit Yanis ? Au moment où les douaniers arrivaient à notre hauteur, le train franchit l'aiguillage. Le convoi tangua, vibra, bringuebala.

— Quelque chose à déclarer ? dit une voix calme.

Le douanier s'adressait à moi. Je me sentis perdue. J'aurais voulu répondre, mais aucun mot ne sortit de ma bouche. Yanis, qui émergeait de derrière son journal, sauva la situation.

— Non, rien !
— Où allez-vous ?
— On s'arrête à Domodossola.
— Vous avez des bagages ?

Yanis montra sa valise. Je n'avais que mon sac à main. J'avais encore toute une garde-robe chez maman. Le douanier me paraissait immense, effrayant, double même, car je voyais son reflet dans la vitre de la fenêtre d'en face.

— Puis-je regarder ? fit-il.

Son collègue, qui tenait le chien en laisse, avait poursuivi son chemin. Yanis s'empara de la valise, la posa sur la banquette et l'ouvrit. Le douanier souleva quelques habits, les palpa et eut l'air satisfait.

— Rien d'autre ?

Je montrai mon sac à main, que je tenais appuyé sur ma cuisse pour cacher la poche de mon pantalon. Je vis le douanier hésiter. J'aurais voulu essuyer du revers de la main la goutte de sueur qui perlait sur mon front. L'avait-il remarquée ?

Un petit miracle se produisit alors. Le deuxième douanier, revenu sur ses pas, semblait demander de l'aide à son collègue.

— Ça va, merci, grommela ce dernier en s'éloignant.

Je retins mon souffle, n'osant pas encore me réjouir. Ils étaient à quelques mètres à peine. Ils pouvaient faire volte-face à tout instant. Yanis m'observait, interloqué.

— Tu as l'air bizarre.

J'esquissai une grimace, secouai la tête pour tenter de lui faire croire qu'il n'y avait aucun problème. Il ne sembla pas convaincu, mais arrêta là ses remarques pour se replonger dans la lecture de son journal.

Domodossola, 22 août

Maman allait bien, mais elle était de plus en plus angoissée face à des situations nouvelles. Elle semblait parfois lointaine, comme distraite, répondant à mes questions d'un air confus. Elle devenait apathique, routinière, ne voulait même plus aller au restaurant. J'insistai :

— Viens, ça te fera du bien ! Tu es toujours enfermée dans ta maison.

Je mis les pierres au-dessus de la cheminée du salon, dans une cachette dont Yanis ignorait l'existence. Maman n'avait aucune raison de soulever le panneau qui y donnait accès. Personne ne les trouverait.

Cette vieille villa était pleine de surprises. Mon père l'avait achetée bien avant son mariage. Pendant la Deuxième Guerre mondiale, les Allemands l'avaient réquisitionnée pour en faire leur état-major. Étaient-ils à l'origine de cette mystérieuse cache ?

Yanis me proposa d'aller aux bains thermaux de Premia. Je trouvai un prétexte, une affaire urgente à régler avec maman, pour l'abandonner. Depuis plusieurs jours, je m'interrogeais sur la valeur réelle des émeraudes. Et si elles étaient en toc? Le chaos régnait dans ma tête. Des détails incohérents s'imposaient à mon esprit sans crier gare. Je voulus en avoir le cœur net. Pendant que Yanis était aux bains, j'en profitai pour rendre visite au bijoutier de ma mère que je connaissais depuis l'enfance.

M. Brunetti eut l'air surpris par la qualité des pierres. Il les plaça sous une lumière presque aveuglante avant de coller une loupe de bijoutier à son œil droit. Les émeraudes présentent presque toujours des inclusions et des fissures, m'expliqua-t-il. Les miennes lui paraissaient très transparentes. Lorsqu'il releva la tête après m'avoir distillé ses commentaires, il m'adressa un sourire perplexe. Il attendait visiblement que je lui dévoile la provenance de ces pierres. Il n'osait probablement pas me le demander. Je restai muette à ce sujet, mais l'interrogeai sur leur valeur. M. Brunetti sembla perdre sa belle assurance.
— J'ai un doute, m'avoua-t-il.
Il tenait les gemmes dans le creux de la main, les faisait miroiter sous le feu de sa lampe. Elles scintillaient comme de minuscules morceaux de soleil.
— Trop beau pour être vrai, marmonna-t-il. Elles pourraient être synthétiques.
Un silence suivit ses mots, un silence qui engloutit toutes mes certitudes.
— Combien valent des émeraudes synthétiques? osai-je finalement demander.
— Pas grand-chose!
Impossible! Je repris prestement mes pierres, les lui arrachai presque de la main.
M. Brunetti s'empressa de m'expliquer qu'il n'avait pas les compétences pour trancher, qu'il fallait consulter un gemmologue. J'étais très agitée, perturbée par ce dilemme qui se prolongeait, et j'eus soudain envie de lui révéler comment elles s'étaient retrouvées en ma

possession. Peut-être connaissait-il Alessio. J'hésitais. M. Brunetti en profita pour changer de sujet : comment allait ma mère ? Je restai d'abord évasive, puis entrevis la possibilité d'évoquer le Zimbabwe par ce biais.

— J'ai l'impression de l'abandonner quand nous partons loin plusieurs semaines d'affilée, dis-je.

M. Brunetti s'engouffra dans la brèche.

— Où êtes-vous partis, cette année ?

Je n'attendais que cela. Je lui jetai un regard reconnaissant, presque complice, avant de me lancer dans le récit de notre voyage, m'appesantissant sur notre passage à Kariba et ma rencontre avec Alessio.

— Je crois savoir de qui vous parlez, me dit M. Brunetti, mais je ne le connais pas personnellement. Il vend sa marchandise à Milan.

Il me gratifia de quelques détails supplémentaires.

— On l'appelle la « mouche tsé-tsé », par ici !

— Pourquoi ?

— Je l'ignore. Peut-être à cause de ses fréquents voyages en Afrique.

Il m'apprit aussi qu'Alessio habitait sur la colline du Calvaire, aux abords de la ville.

— La maison au-dessus de la dernière chapelle, juste avant d'arriver au couvent.

M. Brunetti me donna pour finir l'adresse d'un gemmologue à Sesto Calende, à une heure de voiture de Domodossola, en direction de Milan. Je sortis de la bijouterie en proie à des sentiments confus et étranges. Et si Alessio m'avait fait transporter des émeraudes synthétiques ? Je me sentais trahie à cette idée. Depuis la veille, je ne recevais plus de SMS de sa part. Je l'appelai, mais il ne répondit pas. La ligne semblait coupée. Je n'avais que son numéro zimbabwéen. Les communications étaient-elles perturbées en raison de la crise économique sévissant dans ce pays ?

J'aurais aimé partir sur-le-champ pour Sesto Calende. Je bouillonnais d'impatience de connaître la nature de ces pierres, et une bouffée de rage vis-à-vis de Yanis, qui m'en empêchait par sa simple présence, m'envahit fugacement.

23 août

La journée était belle, nous marchâmes jusqu'à Salecchio, un village Walser perdu dans la montagne. Le val d'Ossola regorge de possibilités de randonnées. J'adorais me promener dans les forêts, dans les alpages, respirer cet air vivifiant, le parfum des mousses du sous-bois, l'odeur du bétail. J'aimais l'effort qu'il fallait fournir pour grimper là-haut, avec pour récompense les paysages sublimes qui s'offraient à nous.

Yanis, lui, grimaçait lorsque je lui proposais des marches. Faire de l'exercice le rebutait. Il avait grossi, ces dernières années. À présent, il peinait à gravir les sentiers pentus. Je le préférais avant, au début de notre relation, quand il n'avait pas d'embonpoint et qu'il avait plus d'endurance.

Pour monter à Salecchio, il y avait un dénivelé de sept cents à huit cents mètres.

— Ça te fera du bien, insistai-je. Tu t'encroûtes !

Yanis n'avait pas vraiment le choix. Il savait bien que cela nous éloignerait davantage s'il refusait de m'accompagner.

Je devais m'armer de patience quand nous grimpions. Il avançait comme un escargot et s'arrêtait tous les cent mètres pour reprendre son souffle.

Yanis avait sept ans de plus que moi, mais la différence d'âge n'aurait pas dû jouer. Nous croisions souvent des sexagénaires si fringants qu'il m'aurait été impossible de leur emboîter le pas. C'était la paresse qui lui donnait ce handicap. Force m'était de reconnaître que cela m'agaçait et nuisait à notre relation. J'aimais courir avec lui, nous lancer des défis. Mais il avait dû interrompre le sport à cause d'une longue cruralgie et n'avait pas repris depuis. Je détestais le voir se gaver de glace, à moitié abruti sur le canapé, devant une émission de télévision débile, et finir par s'endormir. Trop manger et trop dormir l'avaient empâté, à tel point que je ne reconnaissais plus le Yanis qui m'avait séduite. S'il m'arrivait de rentrer tard, c'était aussi parce que les soirées avec lui étaient le plus souvent inexistantes. Dès 21 heures, il ronflait doucement, la bouche ouverte, les cheveux en pagaille, affalé sur le sofa.

Alessio devait avoir à peu près le même âge, pourtant j'étais certaine qu'il marchait d'un bon pas dans la montagne. Il avait un corps athlétique, il semblait plein d'énergie. J'en voulais à Yanis de s'être laissé aller, de ne pas avoir fait les efforts nécessaires pour préserver notre complicité dans les activités sportives. Depuis qu'il avait grossi, qu'il avait perdu son dynamisme, nos relations sexuelles étaient devenues plutôt rares.

Pour monter à Salecchio, le panneau indiquait deux heures et demie de marche. Nous en mîmes quatre. Quelques montagnards, accompagnés de mulets surchargés, nous dépassèrent de leur pas cadencé et solide. L'idée me traversa d'ajouter Yanis au fardeau de ces pauvres bêtes.

Quand il parvint en haut, il était haletant, en nage, le visage empourpré par l'afflux du sang.

Au refuge, à la sortie du village, nous mangeâmes une polenta aux champignons que je trouvai délicieuse. Yanis n'aimait pas la polenta. Au fond, il n'aimait pas mes montagnes.

Il resta silencieux pendant la descente, même s'il n'était pas essoufflé comme dans la montée. Il semblait souffrir. Je n'eus pas envie de le questionner à ce sujet.

— J'ai les genoux en feu, m'avoua-t-il à mi-parcours.
— Tu n'as jamais eu ce problème.
— En tout cas pas si flagrant, pas si fort.

— Tu es en surpoids, Yanis. Tu dois maigrir !

Durant notre séjour à Domodossola, je ne reçus aucun message d'Alessio. Bizarre. Tout aussi bizarre, les SMS dont il m'avait inondée quand nous étions au Zimbabwe commençaient sérieusement à me manquer.

Suisse, 25 août

Je laissai les émeraudes chez ma mère, dans la cachette au-dessus de la cheminée du salon. Nous reprîmes le train pour rentrer en Suisse. Pendant tout le voyage, j'eus le pressentiment que les choses ne se passeraient pas bien en arrivant. Je ne retournais pas dans mon repaire, un endroit que j'avais réchauffé, chéri, mais dans une maison qui me déplaisait souverainement – encore plus depuis la venue de Moana.

Elle était encore là, guillerette et insouciante, comme si elle avait notre approbation inconditionnelle à ses visites impromptues. Par bonheur, elle partait dans l'après-midi. À nouveau, elle poussa force exclamations, à la limite du risible, se vantant de nous laisser un jardin soigné, une maison impeccable, un frigo plein. Sa dernière phrase fracassa le peu de bonne humeur qui me restait :

— Je reviendrai, j'ai besoin de garder un lien avec cette maison !

Je comptais sur Yanis pour réagir. Mais il n'osa sans doute pas s'opposer à sa sœur. Je gardai ma rage en moi.

Le petit-fils de Moana, tout bronzé par son séjour à la plage, tira de son sac un papier couvert de gribouillis et de taches qu'il posa sur la table.

— C'est pour toi, Giada.

Et de venir se blottir contre moi en attendant que je me baisse, que je l'enlace, que je le remercie. Je le fis, mais de si mauvaise grâce que je dus ressembler à un pantin à peine articulé.

Ma première réaction après leur départ fut de déchirer ce dessin, comme si me défouler sur ce bout de papier pouvait calmer, éteindre ce qui brûlait en moi. Yanis ne saisit pas la gravité de l'instant.

— Que fais-tu ? Ce n'est qu'un enfant !

Je laissai alors exploser toute la hargne que je ruminais depuis notre arrivée à la maison.

— Ta sœur est folle ! vitupérai-je.

Yanis, stupéfié par ma réaction, écarta les lèvres, mais je ne perçus qu'un faible gémissement, qui se perdit dans l'espace de la cuisine.

— Tu m'as entendue ? répétai-je. Elle est folle à lier !

Dans un mouvement de colère, il plaqua la paume de sa main contre ma bouche, pour me faire taire. Je voulus me dégager, mais il était plus fort que moi. Il ne me lâcha pas, appuyant au contraire de plus belle. Il me faisait mal.

— Tais-toi ! grommela-t-il.

Je me débattis avec fureur. Il finit par céder. Je courus jusqu'au bureau et m'y enfermai.

— Giada, ouvre ! hurla-t-il.

J'étais hors de moi.

— Tu as osé me faire mal !

— Sors de là, ne dis pas de bêtises !

Il agita la poignée, martela la porte.

— Calme-toi, Yanis !

— Sors !

— J'ai besoin de rester seule.

Il cogna encore violemment contre la porte. Je n'avais jamais vu Yanis aussi enragé et je commençai à craindre pour ma sécurité. Et s'il parvenait à enfoncer la porte ? Mais rien ne se passa, le silence s'installa et perdura comme par magie. La situation était surréaliste, la tension avait atteint son paroxysme en un temps très court. Nos divergences semblaient viscérales.

Plus tard, lorsque je sortis du bureau, Yanis se tenait dans la cuisine.

— Je suis désolé pour mon geste, mais tu as crié comme une forcenée.

— Tu es un dégonflé, ta sœur te fait peur !

Par miracle il ne riposta pas, attendant tout simplement la suite des événements. Il semblait mal dans sa peau, il avait les larmes aux yeux, on aurait dit un enfant abandonné. Sans doute avait-il perçu que la violence de sa réponse était disproportionnée avec ce qui l'avait provoquée et craignait-il la résurgence sournoise d'une distance entre nous. Il savait déjà que, malgré toutes les promesses qu'il pourrait me faire de contrecarrer les projets de sa sœur, notre éloignement n'en serait pas diminué. Moana n'était pas la seule source de nos dissensions. Il devait se sentir comme un insecte piégé dans une toile d'araignée. Comme à Kariba, j'arguai de ma soif de solitude, mais elle était plus impérieuse maintenant.

— J'ai besoin de réfléchir, Yanis.

Il baissa la tête, puis fit plusieurs grimaces avant de me demander :
— Que veux-tu faire ?

Ma retraite dans le bureau m'avait permis de mettre une stratégie sur pied. En prétextant que j'avais besoin de réfléchir à notre relation, je pouvais retourner seule à Domodossola pour m'occuper des émeraudes. Yanis ne protesta pas, mais il semblait très inquiet.

— Tu veux partir demain ? Déjà ?

J'eus pitié de lui, mais ma décision était irrévocable. C'est sans doute la culpabilité qui me fit temporiser.

— J'irai le week-end prochain.

La semaine fut calme, empreinte d'une sérénité que nous n'avions pas vécue depuis longtemps. Yanis, peut-être dans l'espoir d'un revirement de situation, fit même preuve d'un esprit chevaleresque que je ne lui connaissais pas. Il se montra très doux, prépara les dîners, m'emmena au restaurant. J'avais presque honte de lui infliger ce qu'il devait considérer comme une punition.

30 août

Maman fut très étonnée de me voir revenir si vite après ma dernière visite. Comme je n'avais pas envie de lui raconter les détails de ma vie de couple, je lui mentis. Je connaissais son aversion pour Yanis et je n'avais pas l'intention de lui donner la possibilité de le dénigrer une fois de plus. J'inventai une réunion familiale à laquelle Yanis n'avait pu se soustraire.

— Tu sais que je n'aime pas trop aller chez sa sœur. Yanis dira que j'étais malade.

Yanis me pardonnerait certainement ce mensonge mais, peu habituée à de telles complications, je ressentis comme un vertige m'embuer l'esprit. Je m'embourbais dans une étrange affaire, pourtant, pour rien au monde je n'aurais renoncé à connaître la vérité sur ces émeraudes.

31 août

J'avais pris rendez-vous avec le gemmologue de Sesto Calende pour l'après-midi.

Quand, sitôt arrivée, je lui tendis mes pierres, mon geste resta suspendu à mi-chemin, comme empreint d'hésitation. Voulais-je vraiment découvrir la vérité ?

À son regard brillant, je compris aussitôt que mes émeraudes l'intéressaient vivement. Il les plaça d'abord sur un petit appareil optique posé sur une table basse. Comme il était très grand, il dut se plier en deux pour approcher l'œil de l'oculaire. Quand il se redressa, visiblement satisfait, je m'attendis à une révélation importante. Et je me crispai sur mon siège en prévision du verdict.

— Ce sont bien des émeraudes ! claironna-t-il.

Mes muscles se relâchèrent, je m'affaissai sur ma chaise. J'étais déçue. Ce spécialiste ne m'apprenait rien que je ne sache déjà.

Le gemmologue ôta la housse du microscope qui trônait en maître sur sa table de travail. Il le tira vers lui et plaça la première pierre sur la platine d'observation. Très concentré, comme s'il sondait la gemme de son instrument, il testa toute une série d'éclairages différents. Quelques hochements de tête et grimaces plus tard, il opta finalement pour une source lumineuse qui provenait de sous l'émeraude. J'étais presque tentée de m'agripper à son bras et de lui poser la question fatidique : « Alors, docteur ? »

J'étais un peu comme un père qui attend que l'infirmière ouvre la porte pour lui annoncer la naissance de son enfant. Je priais pour que ce ne soit pas un monstre.

Le gemmologue tourna et retourna mon émeraude serrée dans une pince pivotante, sous le microscope. Les secondes me semblaient interminables. Il la scruta longuement, en poussant de temps en temps de petits grognements. Soudain, il baissa l'intensité lumineuse et, juste après, prononça enfin quelques mots compréhensibles :

— J'y suis, les voilà !

Je sentis tout le poids de mon ignorance.

— Qu'avez-vous vu ?

Il ne daigna pas me répondre. Il prit la deuxième pierre et la fit aussi danser, tourner sur elle-même sous le microscope. Il était à nouveau fortement concentré. Je n'aurais pas été surprise de voir perler sur sa tempe quelques gouttes de sueur. Tout finit par s'immobiliser : sa main, son visage, la pince. Je comptais les secondes. Cette fois, j'en étais certaine, l'enfant venait de naître... Je n'attendais plus que son premier cri.

— Elles sont minuscules, mais elles y sont ! clama-t-il.

Il releva la tête, me chercha à la ronde, comme s'il ne savait plus où j'étais assise. Il émergeait d'une autre dimension, d'un autre monde. Il paraissait béat, hypnotisé par mes émeraudes. Il les plaça dans le creux de sa main, les dévora du regard et les soupesa.

— Très belles, magnifiques, et d'une taille extrêmement rare !

À mon grand soulagement, le bébé était en pleine forme! Le gemmologue ajouta une information qui me laissa pantoise:
— Du Zimbabwe, j'en mettrais ma main à couper!

Comme s'il avait deviné le nom de baptême du nouveau-né. Peut-être connaissait-il aussi Alessio et son trafic de pierres?

Il n'avait jamais entendu parler d'Alessio. Son incroyable intuition n'avait rien de divinatoire. C'était dans le cœur de mes gemmes qu'il avait lu leur secret. Elles recelaient, m'apprit-il, de microscopiques aiguilles de trémolite, que l'on observait typiquement dans les pierres extraites des gisements de Sandawana, au Zimbabwe.

Je lui avouai mon voyage dans ce pays. J'échafaudai ensuite une combinaison de mensonges pour lui faire croire que je les avais achetées, en souvenir. Il insista sur leur qualité exceptionnelle: chose rare pour des émeraudes, elles n'étaient même pas traitées. Il voulut les photographier mais, comme elles ne m'appartenaient pas, je refusai. Il tarda à me les rendre. Je percevais son hésitation et son envie de connaître d'abord le prix que je les avais payées. Je restai muette, intransigeante. Devant mon silence, il aligna des chiffres, palabrant sur l'impossibilité de fixer une valeur précise.

— Ce n'est pas comme l'or, qui a une cotation officielle, m'expliqua-t-il.

Et d'ânonner sans rythme ni assonance, sans conviction peut-être, des sommes très élevées.

— Entre quinze mille et vingt mille dollars le carat, je dirais.

Ces mots butèrent contre ceux qu'avait prononcés Alessio à Kariba. C'était sans aucune commune mesure! Je compris soudain que j'avais effectué un transport à haut risque. Six carats et demi, cela faisait approximativement cent vingt mille dollars! Impossible d'imaginer qu'Alessio n'était pas au courant. Pourquoi m'avait-il confié des pierres d'un tel prix sans exiger de garantie? J'aurais tout simplement pu les perdre ou ne pas vouloir les lui rendre.

Perplexe, je quittai le gemmologue pour rentrer à Domodossola. Je passai en revue toutes sortes d'hypothèses. J'envisageai même de m'être perdue dans un rêve, un cauchemar, d'être victime d'une hallucination. Mais les pierres, enfouies dans la poche de mon jean, n'avaient jamais été aussi réelles. Cette histoire me glaçait les os, littéralement, et je sentis des frissons me parcourir l'échine tout au long du trajet de retour.

Je devais contacter Alessio. Il demeurait cependant injoignable depuis le dernier SMS que j'avais reçu de lui, le matin du 21 août. Le seul message qui s'était récemment affiché sur mon écran était celui de Yanis, qui me réitérait ses excuses. J'en avais d'ailleurs à nouveau conçu de la honte. Après tout, j'avais un peu déclenché sa colère par mes cris, et c'était moi qui lui mentais sur les raisons de ma présence à Domodossola.

M. Brunetti m'avait révélé l'adresse d'Alessio. Sur le moment, je ne trouvai rien de mieux à faire que de m'y rendre pour éviter d'être paralysée par mes angoisses grandissantes au sujet des émeraudes – lesquelles venaient de regagner leur cachette au-dessus de la cheminée.

Je laissai donc encore une fois maman seule, dans sa maison – sa coquille –, à moitié endormie devant la télévision. Elle m'avait reproché de ne faire que passer, tel un coup de vent trompeur, que l'on croit d'abord chaud comme un foehn, mais qui se transforme en une bise glaciale.

— Quand tu viens à Domodossola, je ne te vois presque pas...
— Nous dînerons ensemble tout à l'heure, maman, promis !

Cela faisait fort longtemps que je n'avais pas emprunté le sentier qui grimpe au Calvaire. J'aurais très bien pu faire le tour de la colline et y accéder en voiture, mais j'avais envie de revoir ces chapelles qui ponctuent la montée, ne serait-ce que pour vérifier que l'image que je gardais d'elles n'était pas déformée. Je garai la Mini Cooper de maman au pied du chemin de croix.

Au début, mes mollets me semblèrent engourdis, comme s'ils refusaient de me mener là-haut. De toute façon, Alessio était sûrement absent. Ne m'aurait-il pas avertie s'il était rentré ? N'était-il pas inutile, voire ridicule, de faire cette ascension ? Balayant toute pensée pouvant annihiler mes efforts, je poursuivis mon chemin.

Au sommet de la colline trônait le couvent des prêtres. Si c'était bien la sienne, la maison d'Alessio était celle qui se trouvait un peu en contrebas. Une vieille bâtisse en pierre, typique de la région. Elle était adossée à une forêt de châtaigniers. Devant la maison, une pelouse mal entretenue déployait sa verdure sauvage. Il y avait un grelot à l'entrée, mais pas de nom. M. Brunetti s'était peut-être trompé. Je sonnai. Personne ne répondit. De l'extérieur, rien ne laissait transparaître un lien quelconque avec l'Afrique. Je criai son nom plusieurs fois, dans l'absurde espoir qu'il rôde dans les parages et m'entende. D'un geste machinal, j'appuyai sur la poignée de la porte d'entrée : elle s'abaissa ! J'exerçai une poussée, la porte s'ouvrit facilement, révélant un couloir sombre. Un instant de peur me pénétra comme une lame. Je criai :

— Alessio ? Il y a quelqu'un ?

Je n'obtins même pas un écho en retour. Que devais-je faire ? J'étais perdue. Le désordre se répandait comme une flaque dans ma tête. Je fis un pas en avant.

— Alessio ?

Effrontément, confusément, j'avançai à pas feutrés jusqu'au fond du couloir. Là, je fus happée par la lumière du jour qui provenait d'en haut. Quand j'empruntai l'escalier, la maison craqua. Je frissonnai de plus belle. Je savais que le bois travaille dans ces vieilles demeures, mais j'avais l'impression de ne pas être seule. J'étais pétrifiée et appelais répétitivement :

— Alessio, Alessio ?

J'aurais certainement dû rebrousser chemin, mais une force étrange me poussa jusqu'à l'étage. Je me sentais attirée par une aventure insolite qui justifiait toutes les audaces. J'accédai à une pièce unique, où trônait une immense table en sapin sur laquelle était posé un panier en osier. Je scrutai le moindre recoin – cheminée, meubles de cuisine. Les rayons du soleil entraient par les petites fenêtres, piégeant la poussière en suspension. J'aperçus le clocher de l'église du couvent. Un escalier en bois montait sous le toit. Il y avait un autre étage. Je m'attendais à chaque instant à voir quelqu'un en descendre, à devoir m'excuser platement de mon intrusion.

—Alessio?

Une odeur familière planait dans la pièce, mais je ne l'identifiai pas tout de suite. Elle devint pénétrante, puis évidente lorsque je me rapprochai du panier. Des champignons, bien sûr! Je fus surprise de constater que les spécimens que j'avais sous les yeux étaient tous identiques et, surtout, tous vénéneux: des amanites tue-mouches! Je les connaissais bien. Mon père était contrôleur officiel de champignons. Je l'avais accompagné, pas toujours de mon plein gré, dans de nombreuses sorties dans les bois de la région. Dès que venait la saison, c'était son activité préférée.

Qui avait pu récolter ces champignons? J'eus tout à coup l'impression d'être dans l'antre d'une sorcière. Peut-être Alessio était-il un ensorceleur dont j'aurais subi le charme.

Je quittai les lieux au plus vite, de peur qu'il n'apparaisse, me capture et me gave de ces amanites. Dehors, je fus prise de frissons qui finirent par déchaîner un rire incontrôlé. Je riais de mon audace, de ma bêtise, de ma confusion. Quelqu'un vivait assurément dans cette maison, mais sans doute pas Alessio. Nulle part je n'avais repéré d'objets évoquant l'Afrique.

En redescendant de la colline, je tentai encore de le contacter, en vain. La ligne semblait toujours coupée. Je ne comprenais vraiment pas ce qui l'empêchait de m'appeler.

De retour chez maman, je fus surprise de trouver la porte d'entrée ouverte, celle qui donne sur la véranda. Maman la cadenassait toujours de crainte que quelqu'un ne s'introduise chez elle. Dans la véranda, je jetai un coup d'œil aux statues que je lui avais offertes. Je les avais sculptées une dizaine d'années plus tôt, mais elles me semblaient maintenant horribles. Maman les aimait, parce qu'elles étaient l'œuvre de sa fille. En observant plus attentivement l'une d'elles, je me remémorai le temps où Yanis posait pour moi, nu comme un ver, grelottant dans mon immense atelier très mal chauffé. J'avais une assurance particulière quand je le sculptais. Yanis fuyait d'une manière singulière nos échanges furtifs de regards, comme gêné par sa nudité. Je l'adorais, c'était mon modèle favori. J'aurais passé des heures à observer le tonus de ses muscles, qu'il entretenait à l'époque. Même s'il avait beaucoup changé à présent, j'avais encore des pensées tendres pour lui, pour tout ce que nous avions vécu ensemble. Comment pouvais-je nier que je n'étais pas prête à le quitter ?

Dans le grand hall tout en bois, sur l'un des paliers de l'escalier monumental qui montait à l'étage, trônait une autre de mes sculptures de Yanis, dans une posture assise, la tête levée vers le firmament, comme s'il regardait les étoiles s'éteindre et la nuit se défaire. Maman avait-elle compris qu'il m'avait servi de modèle ? Je ne le lui avais jamais dit. De toute façon, je modifiais toujours les traits de son visage pour qu'on ne le reconnaisse pas.

En entrant dans la cuisine, une forte odeur de brûlé m'offensa les narines. Maman oubliait parfois sa soupe sur le feu, qu'elle laissait mijoter longtemps. Je pressai le pas. La casserole était noire, le contenu carbonisé. Je coupai le gaz. Et pour chasser ces émanations âcres qui prenaient à la gorge, j'ouvris la porte qui donne sur le jardin et que maman maintenait fermée l'été pour empêcher la chaleur d'entrer. Elle gardait aussi les stores baissés, pour la même raison. Elle vivait dans la pénombre.

Où était-elle ? Je l'appelai, elle ne répondit pas. La maison était grande, elle pouvait ne pas m'avoir entendue. Je ressortis, m'enfonçai dans le jardin. Parfois, le soir venu, elle s'asseyait sur le banc de pierre à l'ombre du vieux tilleul. Hormis quelques pies qui piaillaient, je trouvai l'endroit désert. Je fis le tour de la propriété. Je ne dénichai que la tortue, qui vivait là depuis longtemps et nous enterrerait tous, à moitié camouflée sous des tiges de physalis déjà en fleur. Maman était forcément dans la maison. Elle ne serait pas partie en laissant son repas sur le feu.

Je revins sur mes pas. Au salon, le téléviseur était allumé, mais sans le son. Bizarre ! Un coussin du canapé traînait par terre, sur la plaque de marbre, devant la cheminée, comme si on avait voulu le jeter dans l'âtre. Dans cette pièce plongée dans la pénombre, j'eus tout à coup l'impression d'évoluer dans un monde en noir et blanc. Je balayai l'espace du regard et, soudain, il me sembla que quelque chose ne tournait pas rond : une couleur vive m'apparaissait nettement, une seule, terrifiante. Là, sur le canapé, du rouge ! Une tache qui s'élargit à mesure que je m'en approchai. En jetant un œil par-dessus le dossier, je fus prise de spasmes. Et je hurlai.

Maman était là, inerte, couverte de ce rouge effroyable, écœurant. Je sentis la bile remonter de mes viscères. Et je vidai mon estomac, en suffoquant.

Mon Dieu !

Je n'osais plus regarder, mais il le fallait, maman avait besoin de moi. Je fis le tour du canapé. Je tremblais. Le rouge était partout, il s'était répandu jusqu'au mur, comme s'il avait voulu escalader la paroi. Il avait laissé des traces en hauteur. Maman était couchée par terre sur le côté, genoux pliés. Elle tenait une main écarlate sur sa gorge. Elle était sinon d'une pâleur diaphane.

— Maman, qu'as-tu fait ?

Je voulus m'accroupir à côté d'elle, la caresser, la cajoler, mais j'étais paralysée. Son visage avait tout d'un masque racorni. Elle qui avait encore la peau si lisse malgré son âge.

— Ne t'en va pas, maman !

La tête me tournait, je n'identifiais pas ce que j'éprouvais. Je m'agenouillai et, malgré ce rouge qui me terrorisait, je posai une main sur son front. Elle était un peu froide. J'aurais voulu toucher tout son corps mais, surtout, l'avoir touchée beaucoup plus souvent avant. Je hurlai de plus belle. Puis, peut-être pour diluer tout ce rouge, je me mis à sangloter.

— Maman !

Les larmes coulèrent et, bientôt hantée par l'idée que ma mère était morte, qu'elle ne me répondrait plus jamais, je tombai dans un abîme sans fond.

Un bourdonnement sourd me sortit de mon hébétude. J'aurais pourtant voulu rester pour toujours dans mon gouffre insondable où maman riait, heureuse de ma venue, de ma présence à ses côtés. Machinalement, je répondis à l'appel, ensanglantant ce faisant mon téléphone. C'était Yanis.

Maman était toujours là, couchée derrière le canapé. Yanis me dirait par la suite que mes phrases étaient à peine audibles, et si confuses qu'il avait compris aussitôt qu'il s'était passé quelque chose de grave. Il appela mon voisin et ami, Gianni, qui arriva très vite. Le rouge le mordit à son tour lorsque je me jetai dans ses bras.

— Que se passe-t-il ?

Blottie contre son torse, je mis plusieurs minutes avant de pouvoir balbutier quelque chose d'intelligible. Il avait vu le sang sur mes mains. Il avait compris que c'était grave.

— Ne va pas voir. Maman a été égorgée !

Gianni ne m'obéit pas. Je l'entendis crier, puis gémir. Il revint vers moi, les yeux exorbités. Je m'étais effondrée sur le banc sous le portemanteau. Il s'assit à mes côtés. Cette fois, ce fut lui qui se blottit contre moi.

VII

Kariba
1958, saison des pluies

Il pleuvait depuis des jours. Le niveau du Zambèze montait inexorablement. La crue était exceptionnelle. Le batardeau en amont du fleuve, qui devait maintenir la zone de construction du barrage à sec, avait dû être relevé de plus de trois mètres. Le 16 février, une infiltration se produisit sous ce batardeau, et le chantier se retrouva noyé en une heure et demie de temps. Tous les ouvriers purent heureusement s'échapper. Mais les pluies continuèrent. Début mars, la crue du Zambèze atteignit seize mille mètres cubes par seconde. Le pont-route et la passerelle pour piétons qui reliait les deux rives furent emportés. Ce jour-là, Giuseppe Ambrini et Augusto Cadaroli manquèrent à l'appel.

Les corps des deux Italiens ne furent pas retrouvés. On supposa que le fleuve les avait broyés plus loin et que les crocodiles, dont regorge le Zambèze, s'étaient régalés de leurs morceaux. La construction du barrage ayant déjà fait plusieurs victimes, l'aumônier demanda que soit édifiée une petite chapelle sur la colline afin de prier pour le repos de leurs âmes. Les familles pleuraient, mais d'autres ouvriers venaient remplacer les morts.

À cause du retard que les pluies exceptionnelles de 1958 avaient fait prendre au chantier, on avait en effet augmenté les effectifs pour que soient respectés les délais de construction initialement prévus. Au total, ce furent jusqu'à mille six cents travailleurs européens et huit mille Africains qui vinrent œuvrer à Kariba.

Et d'autres hommes disparurent dans la gueule vorace du barrage.

VIII

Giuseppe Ambrini
Kariba, mars 1958

J'étais un excellent nageur. Depuis l'enfance, je plongeais dans le Toce, tumultueux et sauvage, qui descend des montagnes pour s'élargir dans la plaine de Domodossola. À l'âge adulte, j'étais devenu fort comme un Turc en travaillant sur les chantiers, en transportant de lourdes charges à longueur de journée.

De temps à autre, quand il pleuvait, que le fleuve grondait et charriait de la boue, je m'accrochais à la branche robuste et flexible d'un saule de la berge et me laissais glisser dans les flots enragés. Parfois, je lâchais prise pour me faire emporter comme un tronc d'arbre mort à moitié submergé, jusqu'à atteindre une rive. Je jouais, au péril de ma vie. J'adorais la décharge d'adrénaline que me procurait ce jeu. Je savais qu'il ne fallait pas se battre contre le courant, mais se laisser porter, comme sur un cheval fougueux, et ne nager qu'au moment opportun, lorsque l'effort serait récompensé.

Puis je revenais au monde, étourdi mais heureux de m'être découvert si téméraire. Je m'allongeais sur une plage de galets et confiais au soleil du début de l'automne le soin de me réchauffer la peau.

À Kariba, ce jour-là, je criai au moment où je sentis que la passerelle cédait.

— Nage, Augusto, nage! exhortai-je mon camarade d'infortune.

Pas de réponse. Je n'entendais que l'horrible bruit de l'eau qui déferlait en grondant pour former un torrent déchaîné. J'étais dedans.

Je me laissai aller au gré des forces qui m'emportaient, qui me contorsionnaient les membres ; je connaissais la marche à suivre. Je compris très vite que ce fleuve-ci était beaucoup plus indomptable que le Toce. Je pris un grand bol d'air lorsque je sentis la terre se dérober sous mes pieds, comme lorsque je lâchais la branche de saule. Je ne voyais rien d'autre que des bulles, des tourbillons d'eau, et un morceau de la passerelle qui m'effleura. Il faisait sombre. Je n'avais pas le temps d'avoir peur. Le courant me traînait le long de la gorge de Kariba, en aval du barrage. Assourdi par les grondements de colère des remous, aveuglé par les particules en suspension, je palpais l'eau à la recherche de quelque chose à quoi m'agripper. Je voulais me diriger vers une rive, mais ne savais pas où elle pouvait se trouver. Je me sentais comme un cosmonaute qui évolue dans le vide et tente désespérément de rejoindre sa navette sans aucun moyen de propulsion.

Je haletais, recrachais de l'eau. Par miracle, j'avais réussi à atteindre une berge, à m'accrocher à un arbuste. Je balayai les alentours du regard.
—Augusto ! criai-je.
Je n'entendais que le fleuve qui grondait, ce fleuve qui m'avait craché comme si j'étais un noyau de cerise, et qui, la bouche grande ouverte, dévorait tout sur son passage. Je tremblais malgré la chaleur étouffante. Il me fallut quelques minutes, cramponné à la végétation du talus, pour reprendre mon souffle. J'estimai la distance jusqu'au barrage : entre quatre cents et cinq cents mètres. Je me trouvais dans la courbe large du Zambèze. Je voyais le tohu-bohu qui régnait plus loin, mais personne ne me voyait, moi, le tout petit noyau de cerise. Et tout à coup, alors que je m'apprêtais à agiter les bras pour qu'on m'aperçoive, une idée saugrenue me traversa l'esprit puis s'y incrusta. Je me tapis contre la paroi et, ainsi camouflé par la végétation, remontai lentement, très lentement, le flanc de la gorge dans l'espoir que personne ne me repérerait.

Mon corps engourdi commençait à reprendre vie. Je poursuivis jusqu'à ce que la forêt m'engloutisse et me rende invisible. Je pensai à Augusto. Une vague de culpabilité me submergea. N'était-ce pas moi qui lui avais suggéré d'emprunter la passerelle ? Je tournai la tête dans tous les sens pour essayer de la libérer de l'étau qui l'enserrait. Je me sentais responsable. Un spasme me secoua. Je priai à haute voix pour qu'Augusto soit aussi miraculé, en scandant les mots afin que, là-haut, il puisse bien m'entendre.

J'attendis que vienne la nuit avant de sortir du bois. J'avais si peur d'être repéré, de devoir revenir sur ma décision : m'enfoncer dans les profondeurs insondables de l'Afrique et disparaître. Depuis un an que je travaillais à Kariba, je m'étais terriblement éloigné de ma femme et de mon fils. J'étais prêt à les abandonner. C'était une idée ignoble, mais elle me trottait dans la tête. Je m'étais fait hypnotiser par ce continent et, surtout, par Aneni.

Tandis que je guettais les prémices de l'obscurité, une pensée que j'aurais voulu étouffer revenait sans cesse me hanter. N'avais-je pas consciemment posé le pied sur cette passerelle dans l'espoir qu'elle soit emportée ? n'avais-je pas mis en scène ma disparition ? Je me savais fort contre les flots tempétueux, me croyais même invincible. Au chantier, tout le monde le disait ou du moins le pensait : la passerelle ne tiendrait pas !

Aneni était une prostituée, une Shona du Sud, attirée par le grand nombre d'hommes étrangers qui travaillaient à Kariba. À l'instar de ses consœurs, c'était la pauvreté qui l'avait conduite jusqu'au barrage. Il ne nous fallut pas beaucoup de temps pour devenir complices. Je m'étais toujours plu à croire que j'avais été son premier client. J'étais convaincu que son amour pour moi était sincère. Je l'avais dans la peau. Si je transpirais dans l'enfer du chantier, si j'y souffrais et m'épuisais, ma peine était plus légère depuis que je la retrouvais en fin de journée. Je l'avais installée dans une cabane au sommet de la colline. Je ne dormais plus avec les autres ouvriers. Je trouvais que nous formions un beau couple, Aneni et moi. Elle avait de grands yeux presque en amande, un très long cou et des lèvres sensuelles. J'adorais son front arrondi, lisse, velouté, sur lequel je ne pouvais m'empêcher de poser mille baisers quand j'étais sur elle, en elle. Elle m'avait inoculé le virus de l'Afrique.

Aneni était un don du ciel. Son nom signifie : « Dieu est avec moi. » Il ne pouvait en être autrement, elle était si douce, si attentionnée, si prévenante. Je ne la croyais pas vénale.

Je gardais un souvenir bien différent de Luciana à Domodossola. Elle m'avait poussé à partir en Afrique quand elle avait eu connaissance des salaires très lucratifs et des indemnités.

— Si tu y vas quelques années, on pourra s'acheter une maison, m'avait-elle dit.

Luciana, je l'avais épousée parce qu'elle était tombée enceinte et que je ne voulais pas être traité en paria. Mon fils avait deux mois la dernière fois que je l'avais vu. C'était l'an passé en février, le jour de mon départ. Il ressemblait tant à sa mère.

Je rejoignis la route. La lune était absente, je pouvais me cacher dans la nuit. J'épiais les bruits alentour pour anticiper l'arrivée d'un véhicule. Le ronronnement d'un camion ne se fit pas attendre. Il grimpait la colline, je l'entendais changer de régime lorsqu'il passait à une vitesse inférieure avant chaque virage en épingle à cheveux. Il devait ramener des ouvriers au village. D'autres camions suivirent. Le chantier rentrait. Il me fut aisé de me tapir derrière la silhouette terrifiante d'un grand arbre à chacun de leur passage. À cette heure-là, tout le monde savait probablement que la passerelle, engloutie par les flots, avait emporté deux travailleurs. Avaient-ils cessé les recherches avec la tombée de la nuit ?

Il me fallut encore marcher une bonne heure avant d'atteindre ma cabane et de revoir Aneni. Quelqu'un l'avait peut-être avertie de l'accident, songeai-je alors.

Quand j'entrai, Aneni était seins nus, comme souvent. Elle disait que c'était normal, que les femmes ne se couvraient pas la poitrine dans son village. J'avais l'impression qu'elle me racontait des sornettes, que c'était juste pour m'exciter. Nous faisions presque toujours l'amour dès mon arrivée. Après nos ébats, elle me tournait le dos, ses fesses si rondes appuyées contre mon bas-ventre. Alors, sa langue se déliait et elle me parlait de son enfance au village, me racontait de belles histoires qu'on lui avait transmises à l'ombre du baobab. On lui avait, paraît-il, prédit qu'elle rencontrerait quelqu'un venu de très loin. Aneni avait beaucoup d'imagination. Elle voulait me surprendre, aiguiser mon subconscient pour que je voie en elle un cadeau du destin. Et j'y croyais un peu.

Ce soir-là, elle n'avait pas entendu le ronflement du moteur de la camionnette de Luigi. Il me déposait généralement en passant, sur le chemin vers sa cabane. Il vivait aussi avec une Africaine.

— Je me suis fait du souci, me dit-elle en me dévisageant.

Je l'assis sur mes genoux. Elle était si légère, si menue, comme un faon. J'adorais son odeur de savane quand elle était si proche, et je me prêtai bien volontiers à ce baiser qu'elle voulut, qu'elle prolongea. Mais je lui devais des explications.

Nous peinions parfois à nous comprendre. Elle parlait un anglais sommaire, le mien n'était pas beaucoup mieux. Ma gestuelle, si parlante en Italie, ne paraissait pas toujours efficace, c'était comme si les mêmes gesticulations des bras signifiaient tout autre chose dans sa tribu. Elle avait appris à connaître le sens de certaines de mes mimiques. Je lui en apprenais régulièrement d'autres. Nous riions beaucoup. De mon côté, j'avais assimilé quelques mouvements de danse shona, qu'elle me faisait exécuter en tambourinant avec une fourchette sur le rebord de la table.

Ce soir-là, je n'avais rien de facile ni d'évident à expliquer. Aneni connaissait l'existence de Luciana et de mon fils. Je la serrai contre moi et lui dis que l'on me croyait mort. Elle trembla, pleura. Elle pensait que j'allais partir. Je la rassurai, et lui fis part de ma décision.

— Tu ne peux pas abandonner ton fils, gémit-elle, éperdue, comme si elle refusait d'être complice de ce crime, d'en porter, le sachant, la responsabilité.

Puis elle se tut et son silence me fit mal. J'avais espéré qu'elle montre un enthousiasme instinctif, une joie débordante à mon annonce de vouloir rester avec elle.

De toute façon, rien n'était encore acquis. Combien de mensonges allais-je devoir concevoir pour que mon plan ait une chance d'aboutir ? À Kariba, on me connaissait. Il me faudrait disparaître, m'enfoncer dans la brousse pour ne plus risquer d'être repéré. Mais de quoi allais-je vivre ? Mon rêve extravagant de me volatiliser paraissait un peu absurde.

Alors, je pensai à Luigi, mon grand ami d'ici, au rôle qu'il pourrait me faire jouer pour me venir en aide. J'eus alors le sentiment que tout était programmé, que je m'étais volontairement jeté dans les flots du Zambèze, que j'avais même scié à l'avance la structure de soutien de la passerelle...

Augusto, mon Dieu!

8 mars

Cette nuit-là, nous dormîmes peu. À l'aube, Aneni était allongée sur le ventre, comme toujours dans son sommeil. Elle respirait délicatement. Lorsqu'elle se réveilla, elle s'étira comme un félin. Elle poussa un petit cri. Puis, le champ de sa conscience réactivé, ses premiers mots furent :

— Tu veux vraiment abandonner ton fils ?

Luigi passa à la cabane vers midi. Il devait s'imaginer Aneni rongée par l'inquiétude de ne pas m'avoir vu rentrer. Je reconnus au loin le bruit de sa camionnette. Je l'attendis à l'intérieur, de peur qu'il ne soit pas seul. Aneni sortit à sa rencontre. Aucun mot ne fut échangé entre eux. Luigi n'était-il pas surpris de trouver Aneni si sereine ? Il devait certainement se dire que quelque chose clochait. Elle le fit entrer finalement, il était seul. À cause de la pénombre, sans doute crut-il à un revenant ou à une image inventée par son inconscient.

— J'ai réussi à nager, Luigi, dis-je alors d'une voix assurée.

En vacillant, il fit deux pas en avant pour prendre appui d'une main sur la table. De l'autre, il s'essuya le visage en soufflant, comme pour se défaire d'une hallucination. Puis il secoua la tête et s'effondra sur une chaise. Le bois du siège craqua au moment où il parvint à aligner des mots libérateurs :

— Tu es là, bordel ! On te croyait noyé !

Et il fit ce geste italien typique pour souligner son vif étonnement. Hochant à nouveau la tête en regardant par terre, il prononça quelques phrases incompréhensibles dans son dialecte napolitain avant de me poser cette question logique :

— Pourquoi tu ne t'es pas montré ?

Je ne trouvai pas les mots pour justifier mon étrange conduite. Je lui dis simplement que je voulais disparaître. Luigi ne comprenait pas. Il était furieux, ulcéré.

— Tu ne peux pas faire ça ! gronda-t-il.

Aneni vint se blottir contre moi. Je la serrai dans mes bras. Luigi savait que je l'avais dans la peau, que j'étais capable d'abandonner ma femme et mon fils pour elle. Il était pourtant loin d'imaginer un tel subterfuge de ma part. Pour l'apaiser, et soulager un peu ma conscience, je lui fis valoir que Luciana recevrait une belle indemnité de veuvage. Cela ne le calma pas, il ne cessa de me fustiger.

— Ça ne tient pas la route. Il te faudra changer de lieu, de nom, et de quoi vas-tu vivre ? répétait-il nerveusement.

Je demandai à Aneni de lui montrer la bague qu'elle avait au doigt. C'était une émeraude achetée à Luigi, taillée et montée en solitaire. Elle la portait en permanence.

Luigi se procurait des lots d'émeraudes auprès d'un commerçant venu du sud du pays. En faisant un bénéfice substantiel, il revendait les pierres aux ouvriers, qui les rapportaient en Italie où leur valeur décuplait encore. Il avait monté une petite affaire. Il monopolisait tout ce qui arrivait des gisements très prometteurs de la région de Mweza.

Il comprit mes intentions assez vite : je pouvais devenir son intermédiaire, lui amener les pierres préalablement sélectionnées sur place, à la mine. J'avais acquis une bonne connaissance des émeraudes à force de les regarder avec lui. Les clients ne manquaient pas. Presque tous les Italiens repartaient au pays avec quelques gemmes dissimulées dans leurs bagages.

Luigi semblait déchiré de doutes, comme s'il pesait au plus profond de lui-même le pour et le contre, les absurdités et les péripéties qu'une telle entreprise pourrait engendrer.

Soudain, il se leva, l'air vraiment désolé, et prononça à nouveau quelques phrases incompréhensibles. Son regard semblait dire : « Ne déconne pas ! »

Il fit mine de s'en aller. Je le retins par le bras.

— Au nom de notre amitié ! le priai-je.

— Tu te rends compte de ce que tu me demandes ?

Il avait raison, ma requête était monstrueuse. Il devait se sentir comme un boxeur piégé contre les cordes du ring.

— Il est trop tard pour revenir en arrière.

— Ce n'est pas mon problème, me rétorqua Luigi en se libérant.

Il se dirigea vers la porte. Je vis, à fleur de peau, les muscles de mon bras se tendre, et mon poing se ferma, comme si j'étais prêt à engager un combat pour empêcher mon ami de sortir et d'aller me dénoncer. Aneni, qui avait flairé cette tension, s'anima subitement. Elle s'avança vers lui pour le dissuader de partir, avec pour seul argument ses yeux de biche embués de larmes. Visiblement troublé, Luigi baissa la tête et continua son chemin vers la camionnette.

J'entendis le moteur ronronner. Luigi le fit vrombir. Le véhicule vibra mais ne bougea pas. Les coups d'accélérateur se multiplièrent. Aneni mit les mains sur ses oreilles. Avec la même détermination, Luigi klaxonna longuement. Un bruit rauque, métallique, se répandit dans la forêt. Luigi avait réussi à quitter l'espace étroit du ring. Il se défoulait. Nous l'entendions hurler, malgré les vitres fermées. Puis il entonna une mélodie napolitaine à tue-tête...

Lorsque la porte de la camionnette claqua, Aneni me regarda. Ses larmes avaient séché. Elle avait sa façon à elle de comprendre le monde, et j'essayais toujours d'imaginer ce qu'elle pouvait bien percevoir. Luigi mit une éternité à parcourir les quelques mètres qui le séparaient de la cabane, le temps qu'il lui fallut sans doute pour se fabriquer un masque. Sur le seuil de la porte, son expression me parut totalement maîtrisée.

— Ce soir, je vous emmène à Karoi. Là-bas, personne ne vous connaît. As-tu au moins des économies, Giuseppe ?

Il devait bouillonner de colère sous son masque, une colère dirigée contre lui-même. Il se résignait à m'épauler, bafouant probablement pour ce faire tous ses principes. Son discours semblait vide de sentiment, c'était celui d'un robot.

— Tu m'apporteras les pierres à Karoi, tu te débrouilleras pour le reste.

Puis il me serra dans ses bras et, d'une voix à présent chargée d'émotion, il murmura :

— Tu es fou à lier, Giuseppe !

Personne ne monta à la cabane durant l'après-midi. Pourtant, deux de mes camarades connaissaient notre petit nid d'amour. C'était possible qu'ils viennent pour réconforter Aneni. Je restai sur mes gardes, prêt à m'éloigner au moindre bruit d'un véhicule grimpant sur la colline. Il plut encore. L'eau tambourinait sur le toit de paille, puis suintait en silence le long des murs. Nous avions la tête lourde, le ventre noué. Nous nous déplacions d'un pas pesant, rassemblant les affaires qu'il nous semblait indispensable d'emporter.

Quand Luigi nous conduisit à Karoi, il me donna de l'argent, beaucoup d'argent, pour acheter un premier lot d'émeraudes. Peut-être qu'il aimait le risque, mais j'étais convaincu qu'il le faisait par amitié. J'avais aussi pris mes économies, cachées dans la cabane de Kariba, mais cela ne représentait pas grand-chose. La plus grande partie de mon salaire était déposée directement sur un compte en Italie, où Luciana en disposait.

Luigi avait les yeux mouillés en nous quittant. Aneni se blottit contre mon torse.

L'hôtel était plutôt glauque. Nous nous couchâmes sur une paillasse trouée couverte d'un drap trop court. Exténués par la précédente nuit très agitée et des émotions trop fortes, nous nous endormîmes dans les bras l'un de l'autre.

9 mars

Au petit matin, je fus incapable de me lever, de plonger dans cet inconnu qui s'ouvrait désormais à moi. J'étais comme paralysé, raide, coulé dans le bronze. Aneni dut me transmettre toute sa chaleur pour me ramener à la vie. Nous fîmes l'amour à plusieurs reprises.

Le bus pour Salisbury, la capitale, était bondé. Les passagers regardaient Aneni d'un œil étrange parce qu'elle voyageait avec un Blanc. À quoi pouvaient-ils bien penser ? Aneni garda ses distances, comme s'il eût été indécent qu'elle montre des gestes de tendresse envers moi. Un sentiment de vide m'envahit alors en songeant à la longue route qu'il me restait à parcourir. Aneni m'était essentielle, j'avais besoin d'elle.

L'autocar zigzagua le long des vallées, m'éloignant du barrage et de tout ce que j'avais connu jusqu'ici de la Rhodésie du Sud. Les secousses qui l'animaient comme il se traînait vers Salisbury faisaient sursauter et mon corps et mon esprit. Je m'enflammai de mille idées contradictoires où la culpabilité alternait avec l'euphorie.

Rhodésie du Sud, 1958 à 1980

Les émeraudes avaient cristallisé le long d'un filon d'une vingtaine de kilomètres où s'échelonnaient cinq ou six exploitations. Des Shonas creusaient inlassablement à ciel ouvert, tandis que d'autres triaient le minerai pour en extraire les pierres précieuses. Elles étaient petites, leur poids souvent inférieur à un carat, mais si riches en chrome que leur couleur verte était splendide, inimitable. De temps à autre, comme par magie, de grosses gemmes sortaient aussi de la gangue.

Dès 1957, sitôt la découverte des premiers gisements, le trafic de pierres commença, et des filières pour écouler les émeraudes se mirent en place, remontant facilement jusqu'à Kariba où les Italiens et d'autres Européens les achetaient. Un an plus tard, les premières réglementations officielles apparurent, ce qui aurait dû rendre plus ardue l'approche directe des mineurs. Mais parallèlement se manifesta un engouement presque irraisonné pour ces gemmes. Les prix s'envolèrent, et les pierres continuèrent de passer de main en main.

J'eus beaucoup de mal à me créer une place au sein de ces filières. Tous les commerçants en pierres précieuses de Rhodésie du Sud étaient déjà là, tous habitués à mener une vie de combattant, aguerris par la concurrence – et prêts à enfreindre les règles. Même les paysans boers semblaient vouloir s'en mêler. Mon premier contact fut avec l'homme qui approvisionnait Luigi. Au début, il fut contrarié, méfiant, ce qui n'était guère surprenant. Je dus longuement lui expliquer que nous allions augmenter nos ventes à Kariba, que les prix grimperaient et que Luigi, que je représentais, aurait toujours besoin de lui.

À Fort Victoria, la ville la plus proche des gisements miniers, là où les véhicules provenant de la capitale passaient inévitablement pour se rendre en Afrique du Sud, je nous dénichai une autre cabane, un autre nid d'amour. J'achetai à Aneni une nouvelle robe serrée à la taille, qui s'arrêtait à mi-mollet et faisait ressortir sa poitrine. Elle en avait un peu honte, la trouvait trop sexy, mais la portait souvent.

Je devais fréquemment la laisser seule. Les mines se situaient à une centaine de kilomètres de là. L'homme qui apportait les émeraudes à Kariba vivait également à Fort Victoria, et nous faisions le trajet ensemble. Sur place, auprès des mineurs, nous insistions pour obtenir les plus grosses pierres. Mais nous n'étions pas les seuls. Certains proféraient même des menaces pour être les premiers servis. Nous n'avions que l'argent comme argument, la manne dont m'avait arrosé Luigi. Nous ne dédaignions toutefois pas les petits spécimens qui s'écoulaient aussi très bien.

Parfois, au coin d'une rue à Fort Victoria, d'étranges personnages me tendaient une main fébrile contenant des émeraudes, sans savoir que je m'y intéressais. Sans doute me sollicitaient-ils tout simplement parce que j'étais un Blanc. Dans la plupart des cas, il s'agissait de gemmes de second choix. J'avais pourtant été surpris par certaines pièces que j'avais aussitôt achetées. Je n'en connaissais pas l'origine. Elles devaient provenir d'un filon aussi riche en chrome que celui de Mweza, car le vert de leur couleur était tout aussi splendide. J'essayai d'en savoir plus, mais un grand mystère paraissait les entourer. Étaient-ce des pierres volées ? Toutes sortes de brigandages commençaient à se commettre à cause des émeraudes, du petit larcin jusqu'à l'assassinat.

Petit à petit, je construisais mon propre réseau. Dès juin, je fis mon premier voyage à Karoi, laissant Aneni seule à Fort Victoria. Luigi, en habile commerçant, s'était donné de la peine pour dénicher de nouveaux clients. Il était allé jusqu'à créer des contacts avec des bijoutiers de Milan. Le bouche-à-oreille fit son œuvre, et la demande gonfla. Presque tous les Italiens ainsi que les autres Européens présents à Kariba pour la construction du barrage finirent par être séduits, et Luigi majora le prix du carat. Je repartis de Karoi avec un paquet de livres rhodésiennes pour assurer l'achat du deuxième lot. Luigi, qui ne négligeait aucun détail, me donna aussi une adresse à Salisbury pour me procurer de faux papiers. Une démarche indispensable selon lui. La police coloniale pouvait faire des contrôles, même dans les autocars.

— Tu as besoin d'une identité, me déclara-t-il, tu ne passeras pas toujours inaperçu.

J'avais eu de la chance jusque-là – j'étais surtout resté sur mes gardes, pour m'éclipser habilement toutes les fois qu'un danger s'était présenté. Avec les dernières réglementations sur l'exploitation des mines, des policiers commençaient à y rôder.

J'obtins un autre passeport italien. Je m'appellerais dorénavant Dario Frattini. J'avais l'impression d'être au beau milieu d'un rêve, dans lequel il m'était possible de recommencer ma vie depuis le début.

La moitié de mon premier bénéfice passa dans l'acquisition de cette nouvelle identité. J'investis le reste dans de très belles émeraudes que je comptais garder pour moi, pour assurer mes arrières. La construction du barrage ne durerait pas éternellement. Je venais même d'apprendre que le retard dû aux dernières crues serait rattrapé par une importante augmentation de main-d'œuvre. La mise en eau était toujours prévue pour 1960.

Fin 1959, la compagnie britannique Rio Tinto Zinc (RTZ) fit l'acquisition des droits d'exploitation des principaux gisements. Ils nommèrent la zone correspondante « Sandawana », d'après un animal mythique au poil roux, censé porter bonheur à qui le possédait. Il devint alors presque impossible d'acheter des pierres à des prix très concurrentiels directement aux mineurs. L'homme qui apportait les gemmes à Kariba vit sa source se tarir. Il savait que je commençais à avoir mes propres contacts à Fort Victoria. Il me regarda avec des yeux de chien battu. Je ne pouvais pas le laisser tomber. Il m'avait bien aidé jusque-là.

Je n'avais toujours aucune idée de l'origine de ces belles émeraudes que l'on me tendait dans la rue. Il était plus que certain, en tout cas, qu'elles ne sortaient pas des mines exploitées par RTZ. Peut-être provenaient-elles d'excavations tenues secrètes dans la brousse. Le filon géologique pouvait fort bien s'étendre au-delà de Sandawana.

Aneni était très jeune. J'ignorais son âge, elle avait toujours été très évasive à ce sujet. Elle n'avait pas vingt ans, peut-être même pas dix-huit. Depuis que nous vivions ensemble, elle ne cessait de me demander de lui faire un enfant. Elle n'était pas encore tombée enceinte. Je n'étais pas pressé, mais elle s'en inquiétait. Dans son sommeil, je la voyais parfois mettre une main sur son ventre, comme poussée par le désir d'y couver une petite créature. Je comprenais que cela puisse vraiment la tourmenter. Peut-être étions-nous incompatibles, ou que l'un de nous était stérile. J'avais pourtant un fils en Italie, que je connaissais à peine et qui surgissait dans ma tête tel le fantôme d'une vie que j'avais voulu abandonner. Le soir, Aneni se badigeonnait le bas-ventre d'une huile mystérieuse à l'odeur rance qu'elle faisait longuement pénétrer dans la peau. J'ignorais où elle achetait ce produit visqueux, ce remède nauséabond. À force de la questionner à ce sujet, elle finit par m'avouer qu'il s'agissait d'huile de sandawana, censée, entre autres, augmenter la fertilité. Je ne pouvais rien contre les croyances africaines, elles m'amusaient même.

— C'est comment, un sandawana ?
— Pas plus gros qu'une souris, mais il est carnivore, me répondit-elle.
— Il mange quoi, des insectes ?
— Je crois qu'il est capable de s'attaquer à des animaux plus gros que lui.
— Tu en as déjà vu ?

Elle refusa de répondre à cette question. Elle haussa les épaules, laissant planer le doute en moi et en elle-même aussi. Je l'adorais. Peut-être que j'aurais dû lui poser sur le ventre quelques émeraudes des mines de Sandawana.

Je ne pouvais m'empêcher de penser à mon fils et de culpabiliser. Aneni m'avait reproché de l'avoir abandonné depuis le début, depuis que Giuseppe Ambrini avait péri, dévoré par les crocodiles. Elle se sentait complice d'un crime. Parfois elle me demandait innocemment – et pouvait alors se montrer très insistante – d'aller le chercher pour les vacances. Elle oubliait que j'étais Dario Frattini à présent, un homme sans enfant ; elle oubliait la distance. La manière la plus simple pour l'extraire du tourbillon mental qui l'affectait dans ces moments-là était de lui faire l'amour.

Un miracle se produirait peut-être un jour, me ramènerait vers mon fils. C'était peut-être pour lui, finalement, que je gardais les grosses émeraudes, pour me faire pardonner.

Mes contacts à Fort Victoria s'étaient intensifiés. Grâce à l'argent de Luigi, je payais bien, j'avais fidélisé mes fournisseurs, et m'appropriais souvent les plus belles pièces. Il devenait évident que ces pierres ne provenaient pas de Sandawana. Elles m'arrivaient avec une si grande fréquence que je pouvais croire à un gisement très proche.

Un soir en ville, alors que je croisais deux hommes, l'un d'eux me planta violemment son coude dans les côtes. Ils continuèrent leur chemin comme si de rien n'était. Je compris qu'il s'agissait d'un avertissement, d'une menace. J'achetai une arme, et demandai aussi à mes pourvoyeurs de pierres d'arrêter momentanément de m'approcher. Je devais me faire un peu oublier. Je n'avais pas envie de me livrer tout bonnement aux griffes de mes concurrents.

J'en profitai pour convoyer un lot d'émeraudes jusqu'à Karoi, accompagné d'Aneni cette fois. Je n'osais plus la laisser seule.

Nous étions déjà en 1960. La construction du barrage allait se terminer ; et la plupart de nos clients, se volatiliser. En deux ans, j'avais accompli huit gros transports de pierres pour satisfaire les désirs des Italiens et autres Européens travaillant sur le chantier du barrage.

Luigi, décidément très surprenant et éclectique, venait de signer un contrat pour poursuivre sa carrière d'ingénieur à Assouan, où commençait la construction du haut barrage sur le Nil. Il avait abandonné sa compagne africaine. Je me retrouvai seul à vouloir continuer le business. Je sentis un profond apaisement m'envahir lorsque Aneni, comprenant que la situation prenait un nouveau tour, me regarda avec ses grands yeux de biche, me suppliant silencieusement de ne pas la quitter. Je ne doutai plus un seul instant de ce que j'allais faire : trouver de nouveaux débouchés ! Les émeraudes rhodésiennes avaient le vent en poupe, et je voulais rester à Fort Victoria avec Aneni. De toute façon, j'avais contracté le virus de l'Afrique, qui insuffle une vie vertigineuse à laquelle nul ne peut se soustraire. Peut-être pourrais-je conclure un pacte de non-belligérance avec mes concurrents.

Aneni resta en arrière de quelques pas pendant que Luigi et moi nous enlacions, dans un moment d'émotion extrême, pour nous dire adieu. Une fois qu'il fut parti, elle s'approcha de moi, dans sa robe serrée à la taille qui mettait en valeur sa poitrine. Elle posa une main sur mon front.

— Tu es bouillant ! me dit-elle.

— C'est parce que je viens de voir un sandawana.

Zimbabwe, 1980

Le 18 avril 1980, la Rhodésie du Sud obtint son indépendance et prit le nom de Zimbabwe.

Rien ne fut facile durant toutes ces années. La « guerre du bush » pour l'indépendance débuta en 1964 et s'intensifia dans les années 1970. De nombreux véhicules sautèrent sur des mines antipersonnel. J'eus de la chance : je passai entre les gouttes, et les émeraudes avec moi. Mais je me sentais parfois comme un animal traqué, encerclé par des chiens de chasse. Pendant tout ce temps, la demande extérieure en pierres ne tarit pas. Un lien spécial et mystérieux continuait de me relier à elles. Mes fournisseurs me restèrent fidèles et je déjouai les machinations de mes concurrents par de subtiles alliances. Mais je ne pouvais pas tout contrôler.

Et pendant tout ce temps, Aneni ne perdit jamais l'espoir de tomber enceinte, malgré l'échec de toutes nos tentatives. Elle persistait à s'enduire le ventre d'huile de sandawana, et s'adonnait à d'autres mystérieuses pratiques empreintes de sorcellerie. J'étais impuissant à la consoler de son infertilité. Elle continuait à dire que c'était le châtiment de Dieu pour me punir d'avoir abandonné mon fils. Elle n'y était pour rien, mais se sentait horriblement coupable.

— J'aurais dû t'empêcher de disparaître, me rabâchait-elle régulièrement, la gorge nouée.

Un jour, alors que la guérilla sévissait encore, Aneni voulut retourner au village parler aux anciens. Elle devait avoir alors dans les trente-cinq ans. J'eus beau lui répéter que s'aventurer en milieu rural, haut lieu de la rébellion, était très risqué, rien n'aurait pu l'en dissuader.

Elle revint saine et sauve mais, quelques semaines après, elle développa une fièvre accompagnée de maux de tête. Les médecins l'imputèrent au paludisme. Les traitements semblaient cependant inefficaces. Les ganglions de son cou et de ses aisselles commencèrent à gonfler. Une erreur médicale avait été commise, on aurait dû lui faire un prélèvement sanguin dès le début. Lorsqu'on finit par lui diagnostiquer un trypanosome, Aneni était déjà dans la deuxième phase de la maladie du sommeil. Elle présentait des troubles neurologiques. Elle ressentait une fatigue extrême la journée et faisait des insomnies toutes les nuits. Je fis livrer de Salisbury le seul médicament dont l'efficacité était connue, le mélarsoprol. Pour la sauver, j'étais prêt à vendre toutes mes émeraudes. Aneni fut transportée au dispensaire pour y recevoir les injections. Ces piqûres étaient très douloureuses. Au cinquième jour du traitement, Aneni fut saisie de crises avec convulsions. J'étais horrifié, rien ne semblait pouvoir apaiser sa souffrance. Je ne la quittais plus. Et bien qu'elle n'ait plus que la peau sur les os, je la trouvais toujours splendide, je ressentais toujours une énorme tendresse pour elle.

Malgré les troubles cognitifs qui la privaient de ses facultés, Aneni mobilisait ses dernières forces pour me répéter inlassablement les mêmes mots :

— Ton fils... Ton fils...

Les médecins décidèrent d'arrêter les injections de mélarsoprol. Le produit la tuait au lieu de la guérir. Quand elle tomba dans le coma, je paniquai, me sentis horriblement seul. Je ne lâchais pas sa main, dans l'espoir d'y déceler quelque chose, la volonté d'un geste. Mais elle n'était plus là, et décéda sous peu d'une encéphalopathie – sans doute due à une posologie trop forte ou inadaptée.

Je m'absentai du monde. L'âme d'Aneni s'était collée à moi, avait passé les bras autour de mon cou et ne me quittait plus. Je vivais avec elle désormais, avec ses dernières volontés : « Ton fils ! »

Que me restait-il à part quelques poignées d'émeraudes ?

J'étais ailleurs, mon âme avait migré, changé de pays. Je m'étais caché en Rhodésie, voilà que je vivais au Zimbabwe. Ce pays était plein de promesses, mais elles ne m'intéressaient plus.

Luigi était rentré en Italie depuis longtemps. J'avais gardé des contacts avec lui, sporadiques mais sincères. Depuis l'achèvement du haut barrage d'Assouan, il était à la retraite. Avait-il réussi à monter un autre business lucratif en Égypte ? Un trafic de pièces archéologiques ?

Je revins vivre à Kariba, d'où je venais, même si je n'en étais plus très sûr. J'éprouvais le besoin de tout recommencer encore une fois, de secrètement redevenir Giuseppe Ambrini, le père de mon fils.

Personne ne me reconnut, j'avais vieilli. Les habitants n'étaient plus les mêmes qu'à l'époque de la construction du barrage. Tout avait changé. Et je défiais quiconque de démontrer que je n'étais pas Dario Frattini, négociant en émeraudes.

Au sommet de la colline, presque à l'endroit où j'étais sorti de la forêt en remontant du Zambèze, une église avait été érigée. Elle était dédiée à sainte Barbe (*santa* Barbara), la patronne des ingénieurs et des ouvriers du bâtiment. Je m'y rendis, l'esprit saturé des images de ce jour-là. Le grondement assourdissant du fleuve continuait à se propager dans ma tête. Un profond regret s'incrusta dans ma chair, celui d'avoir entraîné Aneni dans cette folle aventure, d'avoir causé sa mort.

À l'intérieur de l'église se dressait une stèle funéraire en mémoire des quatre-vingt-six victimes de la construction du barrage. Il y avait trois colonnes de noms. Dans celle du milieu étaient gravés ceux des vingt et un Italiens, dont le mien et celui d'Augusto Caderoli.

J'eus alors l'impression totalement surréaliste, complètement insensée, d'être un fantôme sorti de la stèle et qu'Augusto s'était lui aussi, tout à coup, matérialisé. Je tremblais de tous mes membres, mes muscles se relâchèrent subitement et je tombai à genoux. Je récitai à haute voix, en boucle, les prières que j'avais apprises au catéchisme. La nuit arriva, sournoise. Elle me vola mes derniers restes de sérénité. J'aurais pu redescendre jusqu'au Zambèze, m'y glisser, m'y laisser dériver dans l'attente qu'un crocodile me happe, cette fois pour de vrai. N'était-ce pas le moment de mettre fin à cette mascarade ? J'arrêtai de rabâcher mes prières. Une phrase continuait pourtant de tournoyer dans ma tête, inlassablement : « Délivre-nous du mal. »

Je sortis de l'église. J'avais envie de m'interpeller à voix haute pour me sentir vivant, mais je n'aurais fait que déposer une strate de mots inutiles dans l'obscurité.

Un jour, le tenancier d'une petite échoppe face à l'église, un Italien qui m'était inconnu, me fixa, interloqué, alors que je faisais un tour dans sa boutique. L'insistance de son regard me mit mal à l'aise. J'aurais apprécié le réconfort d'un sourire, mais ce qu'il me dit quand j'arrivai à la caisse me glaça :

— Tu ressembles à un des ouvriers du barrage.

Et d'ajouter, sans me quitter des yeux :

— Un ouvrier qui s'est noyé.

Je ne répondis pas. Manifestement, cet homme n'était pas rentré au pays une fois la construction du barrage terminée. Il voulut savoir ce que je faisais à Kariba. Je lui parlai des émeraudes.

— Il n'y a pas d'émeraudes par ici.

J'avais prévu les questions embarrassantes, et ce que je lui rétorquai n'avait rien de farfelu. Je m'intéressais aux pierres de Zambie, découvertes dans la région de Kagem. Le fait de m'installer à la frontière – il suffisait de traverser la digue pour se retrouver en Zambie – me donnait un avantage stratégique. J'avais mes acheteurs au Zimbabwe, et je me faisais fort de trouver des rabatteurs pour les émeraudes de Kagem.

— Tu lui ressembles beaucoup, pourtant, m'asséna l'épicier au moment où je sortais de son échoppe.

Dehors, je fis les cent pas avant de m'autoriser à desserrer les mâchoires.

— Va te faire voir ! maugréai-je.

À ma demande, Luigi, mon seul et véritable ami, retrouva la trace de mon fils. Il remonta de Naples jusqu'au nord de l'Italie.

Il me dit avoir vu le fleuve Toce où je nageais, son courant impétueux plein d'orgueil. En automne, les pluies torrentielles sont fréquentes dans le sud des Alpes.

Michele, mon fils, avait vingt-quatre ans et se faisait appeler « Alessio », Dieu sait pourquoi. Luigi m'apprit aussi une terrible nouvelle qui me laissa sans voix : Luciana, la mère de Michele, était morte peu après ma disparition, d'un cancer du pancréas !

Était-ce ma prétendue noyade qui l'avait rendue malade ? Ma peine fut immense.

J'étais fils unique. Et Luciana était orpheline lorsque je l'avais épousée. Un cruel destin m'avait même ravi mes propres parents dans un stupide accident de voiture peu de temps avant mon départ pour l'Afrique. Michele s'était donc retrouvé complètement seul à la mort de sa mère.

J'étais coupable d'un monstrueux abandon ! C'était comme si Aneni l'avait deviné. Peut-être percevait-elle des événements déconnectés de l'espace et du temps. J'avais l'impression d'avoir marché toutes ces années en terrain miné, les yeux bien trop rivés sur mes émeraudes pour entendre les cris, les protestations d'Aneni. Évidemment, personne ne m'avait informé de la mort de Luciana. J'avais disparu du monde des vivants, je n'avais plus le droit de savoir.

Michele avait passé son enfance à l'orphelinat de Domodossola, m'apprit Luigi. Chez les sœurs du monastère. Avait-il manqué d'affection, de repères masculins ? Personne n'était venu le chercher pour l'emmener ailleurs. Plus grand, il avait dû s'étonner de ne pas avoir d'oncles, de tantes, de grands-parents. Luigi me rapporta une anecdote. À l'école du monastère, également fréquentée par des enfants de la ville, Michele observait parfois avec envie un camarade embrassant sa grand-mère à la sortie des classes. Sœur Maria Rosaria, animée d'un incroyable sentiment maternel, lui avait dit : « Tu vis dans une ruche d'abeilles privée de sa reine. Et c'est pour cela que ta ruche sera bien plus riche en gelée royale. »

Il avait eu le monastère pour toute famille jusqu'à l'âge adulte. Il ne connaissait de son histoire que ce que les sœurs lui avaient raconté : il s'appelait Ambrini, du nom de son père mort noyé à Kariba ; sa mère était décédée d'un cancer foudroyant lorsqu'il était encore en bas âge.

Il fit des études de commerce. Grâce à la mère supérieure, à ses contacts et à son influence, il trouva du travail dans une banque régionale.

— C'est un beau jeune homme, me dit Luigi, il a des yeux incroyables, d'un vert presque fluorescent !

Les yeux de Luciana !

Luigi ne lui avait pas révélé que j'étais vivant. Il s'était présenté comme un ami ayant connu son père lors de la construction du barrage. Il lui avait proposé de l'emmener à Kariba, pour voir les lieux, pour forger une attache avec ses origines. Je ne sus pas par quelles acrobaties il réussit à le convaincre, mais Luigi avait la verve étourdissante du bon vendeur. De plus, il avait sûrement prêché un converti. Michele devait désirer faire ce voyage depuis longtemps.

En décembre, Luigi m'amena mon fils. Ils arrivèrent par la Zambie, après avoir atterri à Lusaka, l'itinéraire le plus rapide. La rencontre eut lieu à l'église de Kariba. J'étais déjà à l'intérieur. Je les vis passer devant les vitraux bariolés. Deux silhouettes fantomatiques. Ils longèrent le mur circulaire du bâtiment, s'arrêtèrent un moment interminable devant la grille de l'entrée, figés et silencieux, comme pour se recueillir. Luigi avait les cheveux blancs. Mon fils le dépassait de vingt bons centimètres. Je cherchai une ressemblance. S'il y en avait une, c'était plutôt avec Luciana : les yeux, bien sûr, la rondeur du visage aussi. Michele avait l'air désemparé. Il se mit à triturer la croix qui pendait à sa chaînette en or.

Ils ne m'avaient pas vu, ne m'avaient pas encore cherché dans la pénombre de l'église. Ils firent un pas en avant. La stèle se trouvait sur leur droite. Toujours sans prononcer un mot, ils vinrent se planter devant, et Luigi passa un doigt sur mon nom gravé dans la pierre. Michele fit le signe de croix, joignit les mains comme s'il s'apprêtait à prier. Une immense culpabilité m'envahit.

Je m'approchai. Luigi entendit mes pas mais, comprenant que c'était moi, ne broncha pas. Michele se retourna, surpris. Il s'immobilisa, livide. Il se dégageait de sa personne quelque chose d'impressionnant et d'impénétrable, on aurait pu croire qu'il subodorait un piège, une supercherie. Pourtant, il ne savait rien. J'étais Dario Frattini, le négociant en émeraudes, un vieil ami de Luigi, que j'étreignis alors longuement.

Le soir, au restaurant, le regard de Michele se perdait dans le vide de la salle ou au fond de son assiette. Je l'observais tout en écoutant d'une oreille distraite le récit de la construction du haut barrage d'Assouan que nous faisait Luigi. Mon fils avait l'air timide, craintif, comme un daim à l'orée du bois. Il avait discrètement marmonné une prière avant d'entamer son repas. Sœur Maria Rosaria avait visiblement bien travaillé.

Tout au long du dîner, je ne pus m'empêcher de le dévisager, de chercher à deviner les séquelles que mon absence avait laissées en lui. Ses yeux fuyants ne perdaient rien de leur force. J'y décelai une franchise, une droiture presque inquiétante. Serait-il capable de faire la part des choses ?

Quand il prit la parole, ce fut pour savoir si j'avais bien connu son père. Il voulait que je lui parle de lui, mais comment le faire en toute impartialité ? Un nœud me serrait la gorge. Comment reconnaître le moment approprié pour lui ouvrir la porte, l'associer à mon immense secret ? Luigi aurait peut-être dû lui dévoiler l'incroyable vérité à Domodossola. Je tergiversai, fis toutes les digressions possibles pour retarder l'inévitable révélation. Je m'interrogeai même sur la pertinence de cet aveu. C'était inouï, ahurissant, de constater que mon histoire commune avec Michele se résumait à quelques images de lui tout bébé, des images qui s'étaient diluées au fil du temps. Michele n'avait jamais rien partagé avec moi, il ne connaissait pas le son de ma voix. Je n'avais jamais posé sur lui un regard plein d'affection. Comment pouvais-je prétendre qu'il me témoigne à présent une quelconque gratitude ? Il se révolterait peut-être, m'accuserait d'abandon, fuirait à l'annonce de la vérité.

Lorsque nous quittâmes le restaurant, Luigi me donna l'accolade.

— Qu'attends-tu ? me murmura-t-il à l'oreille.

Je savais qu'il avait raison. Je devais m'arracher cette épine du cœur sans plus tarder mais, peut-être par naïveté, je croyais encore à la possibilité de trouver un anesthésiant. J'étais pétrifié par la peur que mon incroyable révélation vienne tout déraciner, que Michele en ressorte à jamais anéanti, brisé.

Le lendemain, je louai un canot pour emmener Michele, alias Alessio, faire un tour sur le lac Kariba. La saison des pluies avait commencé, il faisait chaud et humide. Le soleil brillait pourtant en cette fin de journée, après les averses de la matinée. Quelques nuages tissaient encore de grandes nappes à l'horizon. Le moteur hoquetait, et une nuée d'aigrettes toutes blanches s'envola, dérangée par le bruit. Je mis le cap à l'ouest. Le contre-jour rendait les traits d'Alessio si pâles, si marmoréens que, sans l'éclat de son regard, j'aurais pu croire à un cadavre. Mon fils était-il vraiment là, bien vivant, devant moi ?

Je dirigeai l'embarcation vers les rives où émergeaient des squelettes d'arbres morts, sur les branches desquels se dressaient les silhouettes obscures des cormorans. Le ciel s'habillait d'orange. Un aigle pêcheur plongea, happa de ses serres sa proie au ras de l'eau, puis repartit se fondre dans une quatrième dimension. Au loin, le paysage s'enfonçait dans les collines qui surplombent les gorges du Zambèze. Mon fils, surpris par l'Afrique, ne perdait rien du spectacle, la bouche entrouverte comme celle d'un enfant en extase.

Je stoppai le canot où l'eau était basse, à quelques mètres d'une troupe d'ouettes d'Égypte qui pataugeaient dans la vase. Je demandai à Alessio de se retourner, pour regarder le soleil rouge et jaune tomber lentement. L'atmosphère était féerique sur le lac Kariba quand le jour s'affaissait. Il n'était pas rare d'apercevoir le profil majestueux d'un vieil éléphant suivant un ancien couloir de migration, un couloir d'avant, de l'époque où le lac n'existait pas.

Le ciel était devenu vermillon, tavelé de taches mordorées là où passaient les oiseaux. Le feu du soleil créait une zébrure à la surface de l'eau. Le fait de ne voir que le dos d'Alessio me donna du courage. J'articulai mes mots comme si j'étais au confessionnal. Je fermai les yeux et, au fur et à mesure de mon récit, me sentis capable d'aller au bout de mon secret.

Je parlai longuement des rivières des montagnes, de leurs courants impétueux et ravageurs. Alessio me demanda si je venais aussi d'une région alpine. Je lui dis que je venais de la même région que son père.

— Pourquoi me parlez-vous de ces torrents ? s'enquit-il, intrigué, en se retournant.

Je dus insister pour qu'il continue à fixer le crépuscule, le soleil qui se mourait.

— Je ne comprends pas, grogna-t-il, mais il obtempéra avec un haussement d'épaules.

Son dos de nouveau en ligne de mire, je lui expliquai qu'il était parfois possible de nager dans ces courants fougueux, que je le faisais dans ma jeunesse pour tester mon courage, aller au-delà de mes limites. Le Zambèze, continuai-je, est comme le Toce ; lorsqu'il pleut très fort, on peut aussi le maîtriser. Je vis Alessio se plier en deux, et mettre, me sembla-t-il, une main sur son visage.

— Sœur Maria Rosaria n'a jamais voulu que j'aille me baigner dans le Toce, dit-il.

J'entendis la plainte de l'enfant, l'enfant auquel on avait interdit un jeu. L'été, quand le temps était clément, les gosses s'agglutinaient sur une plage de sable dans un méandre du fleuve.

Un silence s'ensuivit. Dans un moment d'émotion extrême, je prononçai le nom de mon fils. Celui que je lui avais moi-même donné.

— Michele...

Le plus dur restait à dire.

À moitié dissimulé par les mamelons rocheux, le soleil couvait, tel l'œil d'un prêtre qui attendrait la fin de ma confession.

— Un jour de forte crue, j'ai réussi à dompter le Zambèze, fis-je.

Alessio, toujours recroquevillé, ne bougeait plus.

— Si mon père avait su nager comme vous, il ne serait pas mort, balbutia-t-il.

Il paraissait simple alors de tout lui révéler, mais les mots se dérobèrent à ma bouche.

— Te souviens-tu de ta mère, Alessio ? demandai-je à la place, comme si je cherchais de nouveaux faux-fuyants.

— Je n'avais pas même deux ans lorsqu'elle est morte. Parfois, quand je tourne les pages d'un magazine, je crois la voir, mais c'est toujours une femme différente.

— Tu as les mêmes yeux verts qu'elle.

— Vous l'avez connue ?

Alors, je lui demandai de se relever, de me regarder. Le soleil s'était caché, laissant un halo jaune au-dessus de la roche. Je sortis la grosse émeraude que j'avais dans ma poche et, la serrant entre le pouce et l'index, la tendis vers lui. Il eut l'air surpris.

— C'est une très belle pierre. Prends-la ! lui criai-je presque.

Il eut un mouvement de recul tout en avançant une main fébrile. Bien qu'elle fût d'une excellente qualité, l'émeraude ne scintilla pas dans sa paume – il faisait déjà trop sombre. J'aurais certainement pu la vendre plusieurs milliers de dollars.

Je lui dis de compter jusqu'à trois, puis de la jeter. La perplexité s'afficha sur son front.

J'avais besoin d'expier ma faute par un sacrifice, fût-il symbolique. N'avais-je pas immolé mon fils sur l'autel de ces pierres précieuses ? Aneni vint se mêler à mes pensées. Le cœur lourd, je laissai échapper des mots qui ne signifiaient rien pour lui :

— Aneni ne voulait pas que je t'abandonne...

Alessio n'avait pas compté, il avait baissé la tête. Je le regardai fixement. Avait-il deviné ?

— Comptons ensemble, repris-je. Compte, Alessio ! Un, deux, trois...

Quand je vis son bras se tendre par-dessus bord et sa main s'ouvrir, je cherchai l'ultime lueur de jaune à l'ouest, mais elle s'était éteinte. Au même instant, un petit bruit sourd chatouilla la nuit. La pierre venait de s'enfoncer dans l'eau.

— Je suis ton père, Alessio. Tu comprends ?

Mon fils s'assit sur le bord du canot, un peu vacillant. Je craignis qu'il ne bascule par-dessus bord. Je pensai aux crocodiles auxquels j'avais échappé dans le Zambèze et à ceux qui nous guettaient ici dans la nuit, dans la vase du lac Kariba.

Les chuintements plaintifs des oiseaux nocturnes et le clapotis de l'eau cotonneux et rythmé, provoqué par un poisson invisible, ébranlèrent notre profond silence.

Alessio se remit à vivre avant moi.

— Qui est Aneni ? se borna-t-il à demander.

IX

Giada
Domodossola, 4 septembre

Ce matin-là, nous enterrâmes maman. L'église était presque vide, ce qui n'était guère étonnant. Ma mère menait une vie retirée ces dernières années et, vu son âge, la plupart de ses connaissances avaient déjà quitté ce monde. J'étais fille unique, et seuls quelques amis m'accompagnèrent.

Yanis fit tout ce qu'il put pour me stimuler. En vain. J'étais éteinte. Je traînais comme un zombie, flottais dans le vide comme un absurde ectoplasme. Je n'arrivais pas à extirper de ma mémoire la vision de maman ensanglantée, recroquevillée sur le sol, derrière le canapé. Elle revenait en boucle la nuit, m'empêchant de trouver le sommeil. Lorsque je parvenais enfin à m'assoupir, je me dressais soudain dans le lit, le souffle court, et refermais aussitôt les yeux, le plus fort possible, pour tenter d'effacer cette image obsessionnelle. Durant ces crises, Yanis me parlait calmement, me donnait quelques gouttes supplémentaires d'anxiolytique.

Le jour, ce n'était guère mieux. Je revoyais sans cesse la mare de sang dans laquelle gisait ma mère. Quelqu'un avait gravé ce tableau sur ma rétine. J'en voulais au Bon Dieu. Il me punissait, me sanctionnait. Me reprochait-il ma fascination pour les iris verts d'Alessio ?

Je n'avais pas réussi à parler des émeraudes à l'inspecteur Calatrone chargé de l'enquête, et cela me troublait énormément. Étant donné leur valeur, quelqu'un avait-il voulu se les approprier avant que je les remette à Alessio ? Mais pourquoi avoir égorgé maman ? La police n'avait pas découvert la cachette au-dessus de la cheminée. Je ne pouvais pas vérifier si les pierres y étaient toujours. Les scellés avaient été retirés la veille au soir, mais je n'étais pas encore retournée dans cette pièce. Mes pas avaient refusé de m'y conduire. À chaque tentative, mon ventre se nouait, mes jambes flageolaient. La nausée montait, mon cœur s'emballait. C'était comme si maman s'y trouvait toujours et que, tel un spectre, elle pouvait surgir de derrière le canapé, la tête penchée en arrière, le cou balafré.

D'après la police, l'arme utilisée par le meurtrier était un couteau ultra-tranchant en céramique. Dans le tiroir du vaisselier, il y avait deux couteaux japonais. Je savais que maman en possédait trois. L'inspecteur Calatrone avait aussi évoqué la possibilité que maman connaisse son assassin, car il n'y avait aucune autre trace de violence. Depuis quelque temps, elle portait au poignet un dispositif qu'elle pouvait enclencher par une simple pression en cas d'urgence. L'appareil appelait alors trois numéros, dont le mien. Maman n'avait pas senti venir le danger puisqu'elle n'avait pas appuyé sur le bouton.

Nous nous trouvions sur la place du Marché, à la terrasse d'un café végan. Yanis remarqua que la serveuse, que nous connaissions, était enceinte ; je ne m'en étais pas rendu compte, j'avais l'esprit ailleurs. Elle nous sourit, elle ignorait que nous revenions du cimetière. Moana était avec nous. Sa présence m'insupportait. J'avais l'impression qu'elle était davantage venue pour assouvir sa curiosité que pour m'apporter son soutien. Elle me tapota la cuisse en soupirant.

— Ma pauvre, me dit-elle d'un ton mielleux, si seulement on pouvait savoir qui...

— On s'en fiche, de qui l'a fait ! Ma mère a été égorgée, ce n'est pas suffisant ? m'écriai-je en lui adressant un regard farouche.

L'atmosphère se figea. Vexée, Moana secoua la tête. Yanis tenta de calmer le jeu, mais sa voix avait une étrange intonation. Il semblait presque me reprocher d'avoir parlé sans ménagement à sa sœur. Je me levai. Il se leva à son tour et me prit la main.

— Reste, me murmura-t-il, dis ce que tu ressens, ça te fera du bien...

Tout ce que je voyais, c'était son embonpoint. J'avais l'impression que sa voix sortait de son ventre. Je me libérai de son étreinte. Et, sans mot dire, lui signifiai que j'avais besoin de prendre l'air. Yanis comprenait bien la gestuelle italienne, depuis le temps.

Je fis le tour de la grande place, m'arrêtant sous chaque porche pour tenter de voir à l'intérieur des magasins. Le fantôme de maman trônait derrière toutes les vitrines. Je me rappelai l'avoir accompagnée chez le marchand de chaussures, chez le boulanger de la ruelle ou à la librairie à côté de la fontaine. Il lui arrivait de s'installer sur une terrasse de café pour contempler les maisons du Moyen Âge, les balcons, les loges avec leurs colonnes, et le va-et-vient des passants. Ces dernières années, elle n'y venait plus. Elle semblait même craindre la foule.

Plus loin, la galerie d'art exposait des peintres locaux. Mon père achetait ce genre de toiles, qu'il accrochait au salon. À la seule pensée de cette pièce, la nausée refit surface. Le fantôme de maman redevint un corps en chair et en os à la gorge tranchée. Je pensai à sa souffrance. À l'atrocité de se voir mourir en se vidant de son sang. Elle avait dû perdre connaissance, mais au bout de combien de temps ?

Pauvre maman ! De la bile remonta de mon œsophage. Je me couvris la bouche.

Les toiles exposées me remémorèrent une conversation avec l'inspecteur. D'après lui, il manquait un tableau au salon, témoin la marque sur un mur. Je n'y connaissais rien en peinture, je ne savais pas ce que papa achetait.

Avant de retrouver Yanis au café, je tentai de joindre Alessio. Encore une fois, la ligne semblait coupée. S'il était revenu, aurais-je pu laisser déverser une partie de mon chagrin dans ses yeux verts ?

Yanis m'agaçait un peu, mais c'était sans doute à cause de Moana. Je les trouvais trop complices. Il voulut retarder son retour au travail pour ne pas me laisser seule, mais j'étais tellement plongée dans le monde de maman qu'il n'y avait pas de place pour lui.

— Rentre, ne t'en fais pas, mes vieux amis d'ici, Gianni et Ariana, veilleront sur moi.

Je ne pouvais pas quitter Domodossola. La police avait encore besoin de moi. Après les funérailles, j'osai enfin retourner au salon, presque convaincue que maman n'y était plus puisqu'elle reposait sous un mètre de terre. Je vérifiai. Les émeraudes étaient toujours à leur place. Il manquait effectivement un tableau sur le mur, face à la cheminée : le portrait d'une paysanne qui se désaltère à une fontaine.

Yanis et Moana à peine partis, la maison devint horriblement angoissante. Je les trouvais agaçants, encombrants, mais, paradoxalement, leur soutien me faisait défaut. Moi qui me croyais assez forte pour surmonter seule mon désarroi, plus que jamais j'avais besoin d'aide. Maman avait vécu dans une vaste demeure qui me paraissait soudain un gouffre sans fond. Chaque pièce pouvait receler un assassin prêt à m'égorger. J'étais paralysée, je n'osais plus ouvrir de portes, même pas celle de la salle de bains, que je finis par pousser en hurlant.

Gianni et Ariana me préparèrent leur chambre d'amis. Il était hors de question que je passe une nuit seule dans cette maison à attendre que l'aube vienne à bout de mes affres.

5 septembre

L'inspecteur Calatrone me montra d'abord des photos de tableaux de Fornara, l'artiste local qui avait peint la plupart des toiles trônant encore dans le salon. Ce peintre, adepte du divisionnisme, un courant de la fin du XIXe siècle, avait été l'élève de Giovanni Segantini, connu dans le monde entier. Les yeux scintillants, Calatrone me présenta ensuite des tableaux de ce grand maître. Je lisais dans son excitation l'espoir d'une découverte majeure. Cette fois, j'identifiai la paysanne en habits traditionnels qui buvait à une fontaine. Cette scène était gravée dans ma mémoire depuis l'adolescence, depuis que mon père l'avait fièrement accrochée en face de la cheminée.

— On pense que Segantini a peint plusieurs versions de ce tableau, me révéla Calatrone, vous en aviez peut-être une.

J'ignorais presque tout de la collection constituée par mon père. L'inspecteur levait un coin du voile ; ainsi, papa achetait des toiles de maître ?! Les œuvres de Segantini semblaient valoir plusieurs dizaines de milliers d'euros, voire bien plus.

— Vous êtes certaine que ce tableau était encore là, avant le meurtre ? me demanda Calatrone.

Je n'en avais pas la moindre idée. Si ma mère l'avait déplacé ou vendu, c'était à mon insu. J'aurais pourtant dû m'apercevoir d'une anomalie, ressentir un vide dans ce salon dépossédé d'un objet qui lui appartenait si intimement.

X

Yanis
Domodossola, 4 septembre

Giada me fuyait, je devais l'étouffer. Il était très difficile de deviner la bonne attitude à adopter. Elle avait vécu un choc immense. J'avais espéré que cette épreuve, si terrible soit-elle, nous rapprocherait, mais elle semblait encore plus nous éloigner. Je voulais consoler Giada, essuyer ses larmes, hélas, elle se dérobait à mon approche, comme si nous étions deux aimants destinés à se repousser.

Une demi-heure plus tôt, elle nous avait plantés là, Moana et moi. Nous restâmes à l'attendre à la terrasse du café, place du Marché, mais je n'étais pas certain qu'elle revienne. Je comprenais son désir de solitude. Il y a des chagrins qui ont besoin d'espace. Pourtant je m'interrogeais. Cet Alessio n'était-il pas rentré ? Elle préférait peut-être se consoler auprès de lui. Depuis mon arrivée, je ne l'avais pas quittée d'une semelle. Elle avait pu lui téléphoner depuis la place, perdue dans la foule. Je lui proposerais de rester. Il me semblait inhumain de l'abandonner, mais, si elle déclinait mon offre, mes soupçons se renforceraient. Puis une voix criarde m'extirpa de mes pensées :

— Elle me déteste !

Je mis quelques secondes à me rendre compte que ma sœur avait parlé. Elle avait bousculé sa tasse de café sur la table, l'avait déplacée de quelques centimètres d'un geste rageur.

— Calme-toi, tu te rends compte de ce qu'elle a subi ?
— Elle me détestait déjà avant, répliqua-t-elle plus posément.

— Tu exagères.

Moana chercha une position plus confortable, croisa les jambes et se cala dans son siège. Elle avait l'air de vouloir bouder, comme elle le faisait souvent lorsqu'on la contredisait, mais la bienveillance de sa réponse me surprit :

— Tu as raison, je devrais prolonger mon séjour à ses côtés, dit-elle.

Je n'osai pas le proposer à Giada. Je sentais bien que la présence de ma sœur la rebutait et que ce n'était pas le moment de tenter d'améliorer leur relation.

Comme je le craignais, Giada refusa que je reste. Incrédule et hagard, je la dévisageai, incapable de prononcer un seul mot. Peut-être Alessio était-il bel et bien revenu d'Afrique ! Giada dut déceler un éclat de panique dans mes yeux. Je me repris, me laissai une chance. Giada pouvait chercher à s'isoler pour retrouver sa mère, son enfance... Après tout, ses vieux amis vivaient encore à Domodossola.

Au moment de mon départ, nous nous enlaçâmes longuement sur la terrasse devant la véranda.

— On part. Tu viens ? entendis-je soudain Moana me crier depuis le garage.

Giada se cabra comme une chaloupe qui se dresse hors des flots, poussée par le courant dans des rapides. Elle relâcha aussitôt son étreinte.

— Elle est insupportable, me murmura-t-elle avec hostilité.

— Elle ne le fait pas exprès...

J'en voulais à ma sœur. Son intervention maladroite avait mis fin à un merveilleux moment de complicité avec Giada. Et à cause d'elle, notre séparation m'avait laissé un souvenir amer et cruel. Je ruminai tout au long du voyage de retour. Moana, d'abord silencieuse, ne put s'empêcher de retourner le couteau dans la plaie.

— C'est étrange qu'elle n'ait pas voulu que tu restes.

Je ne fis pas plus attention à ses paroles qu'au ronronnement du moteur de la Jaguar. Elle revint à la charge :

— Si vous rencontrez des difficultés dans votre couple, tu peux m'en parler, tu sais.

Nous étions sur l'autoroute. J'avais accéléré, dépassé la limite de vitesse autorisée.

— Ne roule pas si vite !

Elle me regarda fixement, puis hocha la tête d'un air de doute et, en signe d'empathie, posa une main sur ma cuisse.

— C'est idiot de garder tout ça en toi !

J'appuyais encore sur l'accélérateur. Elle n'osa plus rien dire.

En arrivant à la maison, je laissai la voiture dans la cour.

— Tu ne la mets pas au garage ? commenta Moana du ton sec d'un commandant en chef.

C'était sa façon de briser la glace...

Je sortis de la Jaguar, attrapai mon bagage dans le coffre et, sourd à ses mots, gravis sans hâte la légère pente qui menait à la porte d'entrée.

Une fois dans la maison, Moana ouvrit la fenêtre du salon et se mit à contempler le lac. Des cris stridents d'enfants qui remontaient de la plage retentirent. C'était une très belle fin d'après-midi. Je regardai le ciel. Un avion se dirigeait vers l'aéroport de Genève. Je scrutai le faîte des grands acacias. Mille souvenirs de l'enfance resurgissaient.

Moana posa une main sur mon épaule.

— C'est magnifique, ici. On ne s'en rendait pas vraiment compte quand on était petits, hein ?

Comme une ritournelle, cette réflexion si juste s'imprima dans mon esprit.

Plus tard dans la soirée, je voulus téléphoner à Giada. Elle ne répondit pas. Moana devina aisément mon désappointement et tenta une nouvelle approche.

— Si elle devait te quitter, je pourrais venir habiter ici...

Choqué par son audace, je me raidis. Un frisson parcourut mes muscles tendus. Je compris à son petit sourire que c'était une provo-

cation, qu'elle essayait de me faire vider mon sac. Je n'étais pas certain de vouloir me confier à elle. Je remplis mes poumons d'air avant de me surprendre à jeter ces mots :
— Giada s'éloigne de moi !

Ma sœur sut m'écouter, et j'eus l'impression d'ôter de mon soulier un caillou pointu qui m'avait torturé depuis notre départ de Domodossola. Elle sirotait une tisane que j'entendais descendre le long de son œsophage. J'étais debout, je gesticulais nerveusement.
— Calme-toi ! On dirait que tu manques d'air.

Mais elle-même s'agita lorsque je lui signifiai clairement, le regard bas, qu'il serait préférable qu'elle s'abstienne de revenir à la maison pendant quelque temps. Elle porta fébrilement la tasse à sa bouche à plusieurs reprises avant de conclure, en parlant à moitié dans son breuvage :
— Tu crois vraiment que c'est ma faute si Giada s'éloigne de toi ?

Confite dans sa vexation, elle se tut pour de bon. Elle avait pourtant raison : si mon couple vacillait, ce n'était certainement pas à cause d'elle.

Ce soir-là, le miroir de la salle de bains m'offrit une explication plus sensée. Ce corps mou et flasque, cette bedaine affaissée ! Que pouvais-je y faire ? N'était-il pas déjà trop tard ? La lumière du jour agonisait lentement. J'éteignis le néon et cachai mon corps dans la pénombre, comme l'Andalouse cache sa tête et ses épaules sous sa mantille. La température était si agréable en ce soir de fin d'été que je retrouvai un peu de sérénité.

La voix criarde de Moana réactiva mes angoisses.
— Essaie de la rappeler.

L'image du corps athlétique d'Alessio s'incrusta dans mon esprit.

5 septembre

Pour finir, ce fut Giada qui me contacta en fin de matinée. Elle semblait si triste, si affligée.

— Tu veux que je vienne ? dis-je aussitôt.

Elle s'obstina à refuser que je me mêle de son chagrin, de son désarroi. Cela me blessa encore une fois, m'agaça. Si j'avais été un chat, j'aurais feulé, le poil hérissé. Je l'aurais griffée.

Le portrait dérobé dans le salon de sa mère était probablement l'œuvre du grand maître Giovanni Segantini et, dans ce cas, pouvait valoir une fortune, me dit-elle. Elle s'étonna que je ne me le rappelle pas.

— Tu les connais pourtant, toi, ces tableaux. Tu t'y étais intéressé !

Je lui répondis que je ne m'étais pas penché sur celui-ci en particulier.

Autre chose me préoccupait. J'avais l'impression que Giada me cachait ses rencontres avec Alessio... J'insistai, je lui proposai à nouveau de la rejoindre.

— Tu ne devrais pas rester seule.

— Je dors chez Gianni et Ariana, ne t'inquiète pas.

Omettait-elle de le mentionner, lui ?

Je soupirai à plusieurs reprises, très profondément. J'aurais voulu être en face d'elle, lui faire un clin d'œil, signe d'une alliance secrète entre nous. Elle aurait souri, se serait approchée de moi en faisant quelques pas de danse. J'aurais senti son odeur, celle d'une essence précieuse. Et elle m'aurait susurré : « Nous savons bien tous les deux qu'Alessio n'existe pas ! »

XI

Alessio

Mon père mourut à Kariba en 2001, usé par l'Afrique, le paludisme, la quinine et ses effets secondaires. Il avait tout de même atteint l'âge de soixante et onze ans. Il était mort deux fois, en somme. À l'église de Santa-Barbara, son nom était gravé depuis quarante ans dans la pierre. Au cimetière, c'était Dario Frattini, la marionnette de Giuseppe Ambrini, que l'on avait enterré, celui qui avait vécu à sa place toutes ces années. Je fis peindre en vert émeraude la croix en bois placée sur sa tombe. Ces gemmes, elles avaient été toute sa vie. Il m'en laissait de très belles.

Depuis son apparition surnaturelle, depuis ce crépuscule vermillon sur le lac Kariba, j'étais revenu tous les ans partager son secret. Le nôtre, à présent. À chacun de mes départs, il me glissait quelques pierres dans la main. Je les revendais à un bijoutier de Milan.

Certes, sa révélation m'avait mis hors de moi. Il m'avait avoué qu'Aneni l'avait ensorcelé, que cette femme lui avait fait oublier ses responsabilités de père. Mais sœur Maria Rosaria m'avait appris à pardonner, et Dieu avait rappelé cette femme à Lui.

Parfois, par vengeance, par rancœur contre mon père, je devenais la mouche tsé-tsé qui avait infecté Aneni. Je me pénétrais de ce rôle. À Domodossola, je laissai même entendre à mon entourage que le surnom de « mouche tsé-tsé » dont on m'avait affublé en raison de mes fréquents voyages en Afrique ne me déplaisait pas. Sœur Maria Rosaria, si miséricordieuse, pour qui aucune faute n'était impardonnable, s'acharna à me faire valoir que mon père ne pouvait pas prévoir la disparition de Luciana, ma mère. Je m'en fichais. Quand, le soir, couché dans la maison du Calvaire que les sœurs me prêtaient, j'entendais une mouche zézayer dans l'obscurité, je l'imitais. Je me transformais en justicier ailé. Dans mon monde imaginaire, c'était moi et moi seul qui avais piqué Aneni !

Mon père n'eut plus jamais de compagne, pour autant que j'aie pu le savoir. Il se renferma en lui-même. À la mort d'Aneni, il avait une cinquantaine d'années. J'avais vu des photos. Bien sûr elle était belle, mais elle n'avait pas les yeux verts que ma mère devait avoir.

Ce soir-là, sur le lac Kariba, quand cet homme dont je venais d'apprendre qu'il était mon père me parla de sa passion pour Aneni, j'eus le sentiment d'une immense injustice, d'un terrible coup du sort. Le choc de cette révélation me fit perdre connaissance, et je me réveillai couché au fond de l'embarcation. Les yeux fermés, je secouai la tête, comme pour essayer de remettre à sa place ce qui y avait été dérangé. J'étais profondément bouleversé.

Mon père essaya de me prendre dans ses bras. Il pleurait. J'aurais désiré le balancer par-dessus bord.

— Ne me touchez pas !

Il n'insista pas, recula.

— Je suis désolé, Alessio. Vraiment !

Être seul avec cet homme, cette ombre sordide, au milieu de la nuit dans ce lieu confiné, m'était devenu insupportable.

— Je veux rentrer !

Il relança aussitôt le moteur. Il semblait s'être fait tout petit, on aurait dit qu'il avait honte d'exister. Le canot déchira la nappe obscure du lac, se mit à tressauter comme mon père avait accéléré. Des gerbes d'eau jaillissaient à l'avant, sur les côtés de l'embarcation, pareilles à des poissons volants que nous dispersions sur notre passage. Le retour au port me parut interminable. L'Afrique n'avait plus rien de fascinant à mes yeux.

J'étais un zombie à mon retour dans la chambre d'hôtel, la tête décapée par des révélations trop caustiques. Luigi, employant tour à tour des mots, un sourire ou une accolade, me réinsuffla la vie.

Il me raconta mon père, la beauté qui était en lui malgré tout, et la puissance de l'Afrique qui pouvait faire tourner la tête.

— Ne le rejette pas, me demanda-t-il avec un regard implorant.

Au lieu de tuer l'animal, poursuivit-il, je devais prendre le temps de l'épier, découvrir son activité cachée.

— Tiens-toi en retrait, comme quand on observe la faune sauvage. Ne te révèle pas en entier, me conseilla-t-il encore.

Les derniers jours de ce premier voyage à Kariba, je ne voulus pas revoir mon père. Il accepta ma décision. Avec la distance, les milliers de kilomètres entre nous, le tourbillon s'apaisa et le désir de revenir vers ce lac finit par se manifester. Sœur Maria Rosaria fut fière de moi lorsque je lui dis que j'allais écrire à mon père, en Afrique, pour l'avertir de ma venue lors de mes prochaines vacances. Luigi avait raison, je n'avais rien à perdre, je ne risquais rien. L'essence de mon être n'en serait pas affectée, je n'offrirais que ma peau, mon enveloppe. C'est moi qui apprivoiserais mon père, et non le contraire.

À force d'aller chaque année à Kariba, je cernais mieux mon père, mais je ne me laissai jamais vraiment distraire. Mon temps passé en Afrique était une parenthèse qui ne troublait pas ma vie italienne. Elle lui donnait une puissance supplémentaire. À Kariba, je rencontrai des gens, ceux du chantier naval, des amis de mon père, et un épicier italien qui, à chaque fois qu'on passait devant sa boutique, apostrophait mon père :

— Je te connais, lui disait-il en le pointant d'un doigt accusateur.

Papa portait une barbe épaisse. De toute évidence, pour que Dario ne ressemble pas trop à Giuseppe. Parfois, en dépit des relations de mon père, je ressentais un vide autour de nous à Kariba ; il me semblait que la lumière se modifiait sur notre passage. Les personnes que nous rencontrions ne pénétraient jamais vraiment dans cette sorte de halo qui nous isolait du monde, comme si, par sa seule présence, mon père inspirait une certaine défiance, consciente ou non. Je jugeais hasardeux, d'ailleurs, qu'il soit retourné à Kariba après la mort d'Aneni. Était-ce le désir irrationnel de revenir sur les lieux de son crime, celui d'avoir abandonné son fils, qui expliquait sa présence dans cette ville ?

Son activité principale consistait à acheter des émeraudes zambiennes, sorties clandestinement des mines de Kagem et passées en contrebande. Il les vendait ensuite à Harare, la capitale du Zimbabwe – anciennement Salisbury –, où il semblait avoir tissé de nombreuses connexions. Il lui restait quelques très belles pierres provenant de Sandawana ou de gisements à proximité de Masvingo – autrefois Fort Victoria. Il les avait toujours gardées pour moi, m'avait-il assuré.

Je ne séjournais jamais plus de deux ou trois semaines en Afrique et, là-bas, restais très discret sur mes activités en Italie. Je tenais à séparer ces deux vies, à demeurer prudemment dans mes retranchements, à ne pas marcher sur un terrain miné en offrant à mon père les secrets de mes pensées. C'était à lui de se confier. Il ne sut jamais que c'était moi, la mouche tsé-tsé qui avait piqué Aneni.

Nous allions tous les ans au parc national de Matusadona contempler des lions, des éléphants et des gazelles. Dans le soleil éblouissant, je savourais les paysages enchanteurs et sauvages des abords du lac, le parfum de la savane. J'aimais ces soirées fraîches du mois d'août. Sur la terrasse en bois d'un bungalow, nous buvions une bière en scrutant la rive où, au loin, pataugeaient pesamment des hippopotames. Mon père me lançait régulièrement des regards furtifs, visiblement satisfait de me voir émerveillé par ce spectacle.

Quand je rentrais en Italie, avec les émeraudes qu'il me glissait dans la poche, repu d'images, de cris et d'odeurs d'Afrique, je marquais un temps d'arrêt devant cette maison du Calvaire que les sœurs du monastère me prêtaient. Les paupières closes, je palpais le bois de la porte pour trouver le métal de la poignée tout en me concentrant sur mes bruits, mes parfums. Il y avait le gargouillement du ruisselet qui coulait dans la forêt et la senteur automnale des champignons agrippés à l'humus. Alors, j'ouvrais la porte et respirais un grand bol de mon air, en ricanant, en pensant à mon père. Au fond, je ne l'aimais pas et venais encore de lui jouer la comédie pendant vingt jours en lui faisant croire le contraire. Mais était-il si dupe que cela ?

Je décidais parfois de ne plus retourner en Afrique, mais je faisais alors inévitablement ce terrible cauchemar de tomber indéfiniment dans le vide – ce même cauchemar qui avait ponctué mon enfance. Sœur Maria Rosaria m'avait souvent épongé le front au milieu de la nuit, lorsque je me réveillais, transi, en proie à des hurlements désespérés pour avoir fait ce mauvais rêve. À présent, elle me disait que je serais un idiot de renoncer à cette chance d'avoir un père en Afrique. Quand je songeais au bijoutier de Milan qui me tendait de l'argent en contrepartie des émeraudes, je lui donnais raison : j'aurais été un idiot. Après tout, pourquoi ne tirerais-je pas avantage de la situation ?

Kariba, 30 juillet

À Kariba, cette année-là, je rencontrai à l'église une femme qui m'éblouit, m'étourdit, me bouleversa.

J'y venais parfois pour contempler la stèle, le nom de mon père à côté duquel j'aurais voulu pouvoir graver la véritable date de sa disparition pour que tout le monde sache qu'il était un imposteur. Bien qu'il ne fût plus là, je continuais à faire mon voyage annuel au Zimbabwe, même si la situation du pays s'était bien dégradée au fil des années. Mais j'aimais y retrouver mes ciels de traîne. À chacune de mes venues, je m'installais chez les propriétaires du chantier naval, à présent des amis. Ils avaient été très proches de mon père. Ils connaissaient sa véritable identité. Ils n'étaient peut-être pas les seuls. À plusieurs reprises, je me demandai même si papa n'avait pas acheté le silence de certains avec ses émeraudes.

Les propriétaires du chantier naval, qui m'avaient tout de suite adopté, étaient aussi les gardiens de mon stock de pierres, celui que mon père m'avait laissé et que je rapportais, émeraude après émeraude, à Milan. Cela payait au moins le voyage. Il en restait de très belles, provenant pour la plupart de Sandawana, d'un vert intense et d'une rare pureté. Avec le temps, je devins un spécialiste et savais que ces spécimens valaient très cher. Je n'avais jamais osé les rapporter en Italie.

Cette femme se dressa devant moi, l'air inaccessible, comme seule peut l'être une princesse. Je n'étais absolument pas préparé à cette rencontre. Je ne savais pas quoi dire.

— Bonjour... On voit rarement du monde dans cette église, balbutiai-je.

Elle s'anima alors, bougea les mains, les bras.

— Je visitais.

D'où sortait cette splendide créature ? Kariba n'accueillait pas beaucoup de touristes, encore moins depuis que la situation économique entraînait des inconvénients majeurs pour les visiteurs étrangers. Elle fit un petit mouvement pour me contourner et poursuivre son chemin. Je ne pouvais pas la laisser s'échapper. Je venais d'être happé par une force vorace qui aurait pu m'engloutir si je ne réagissais pas. Je tentai d'engager la conversation.

— Les touristes ne courent pas les rues à Kariba.

Elle me surprit en devinant ma nationalité à ces quelques mots. Elle était italienne elle aussi.

Tout en parlant, je l'imaginais défaisant ses cheveux blonds, je les voyais se déployer sur sa nuque. Elle était belle comme une madone. Sa vivacité et son charme me subjuguèrent également. Je dus aller chercher des ressources au fond de moi-même pour ne pas vaciller et me rendre ridicule. Je réussis à retenir son attention, mes iris verts firent le reste. Mes yeux ensorcelaient, on me l'avait souvent dit.

Elle ne mit pas longtemps à m'évoquer les difficultés qu'elle rencontrait depuis son arrivée au Zimbabwe. Elle gesticulait comme une vraie Italienne. Une petite voix en moi, un instinct irraisonné, me faisait envisager qu'un lien mystérieux et magique pourrait se créer entre nous. Elle évoqua pourtant son ami resté au lodge. Elle n'était pas libre. Mais ce fait rebondit dans mon esprit, telle une sauterelle disparaissant dans les hautes herbes d'un champ, et j'en fis totalement abstraction.

Lorsque j'appris qu'elle était de la même ville que moi, j'eus la certitude que le destin ne l'avait pas mise par hasard sur ma route. Le désir qu'elle m'inspirait, dans lequel je m'étais si vite perdu, s'intensifia. Je lui racontai ma vie d'orphelin pour l'attendrir. Je ne mentionnai pas la résurrection de mon père, c'était une histoire trop compliquée. Et grâce à ma connaissance du Zimbabwe, je la confortai dans la faisabilité de son voyage. Je ne la côtoyais que depuis deux heures, mais je sentais déjà que nous nous appartenions.

Elle était différente de toutes les Italiennes que j'avais connues. Il émanait d'elle une aura rassurante, un charme paisible. Je n'avais rien à craindre d'elle, me persuadai-je. Oui, j'avais peur des femmes – peur de m'attacher, de leur faire confiance et d'être abandonné. Seule sœur Maria Rosaria me semblait fiable, mais ce n'était pas la même chose.

Je n'eus bientôt plus qu'une obsession : revoir cette Giada ! Elle était troublante, elle avait presque un air familier qui m'embarrassait. Je l'aurais suivie partout. Je voyais miroiter dans ses yeux une nouvelle existence, de nouvelles et enivrantes occupations.

Je fis tout mon possible pour créer un lien indestructible entre nous. Elle semblait le désirer aussi. Elle accepta de transporter pour moi des émeraudes en Italie, et je dus faire un effort extrême pour ne pas trop lui montrer combien j'en étais ravi. J'aurais voulu la serrer dans mes bras.

— Je dois être folle, s'écria-t-elle avec une étrange excitation.

— Vous ne risquez rien, vous avez le droit de rapporter des souvenirs du Zimbabwe.

Je lui laissai croire que je faisais du commerce, alors que je puisais simplement dans le stock hérité de mon père.

Elle regarda les gemmes dans le creux de sa main avec une gêne visible.

— Elles valent combien ?

— Deux mille, deux mille cinq cents dollars.

Au chantier naval, j'avais choisi les deux émeraudes exceptionnelles de Sandawana que mon père avait pieusement gardées pour moi. Elles valaient cinquante fois plus que le prix annoncé. J'avais menti à Giada pour ne pas l'inquiéter. Ce lien que je créais ainsi avec elle devenait singulier, extraordinaire. D'elle, je ne craignais rien : ni qu'elle les perde, ni qu'elle me les subtilise. Elle pouvait aisément les transporter jusqu'au bout du monde et se jouer de toutes les douanes sans encombre. Puisqu'elle était un ange.

Giada me donna son nom et l'adresse de sa mère à Domodossola. Je savais même qui avait été son père, l'ophtalmologue de la ville. Notre connexion n'en était que plus surréelle. C'était comme si une rafale de vent n'avait cueilli que deux fleurs. Elle et moi. *Nous.*

Au moment de la quitter, je revins sur mes pas pour l'embrasser furtivement sur la joue. Elle ne s'offusqua pas. Je lui plaisais, j'en avais la conviction.

Le lendemain, lorsqu'elle vint avec son ami faire le plein d'essence au chantier naval, elle m'indiqua qu'ils partaient pour le parc national de Mana Pools. J'espérais qu'ils repasseraient par Kariba. Cela me paraissait extrêmement long d'attendre jusqu'à Domodossola pour la revoir. Nous avions échangé nos numéros de téléphone et, animé d'une hardiesse qui ne m'était pas coutumière, je l'aurais déjà appelée à Mana Pools s'il y avait eu du réseau là-bas.

3 août

Deux jours après son départ, vers 1 heure du matin, alors que je peinais à m'endormir, la sonnerie de mon téléphone retentit. Je pensais à l'Italie et, forcément, je pensais à elle. Bien qu'étoilée, la nuit était noire. Avant de me coucher, j'avais regardé une dernière fois le lac, si difficile à distinguer de la terre dans l'obscurité presque totale. J'avais imaginé Giada sortant de l'eau et venant vers moi. Je la voyais partout. C'était forcément elle qui appelait.

— On a crevé, on est bloqués dans la savane! s'écria-t-elle, affolée, essoufflée.

— Restez dans la voiture!

Mon conseil paraissait si évident qu'il en était puéril, niais, mais que dire d'autre sur le moment? J'aurais voulu pouvoir changer de peau, me muer en une sorte de superman de la brousse pour voler aussitôt à son secours. Sa voix me parvenait faible et chevrotante, et je compris vite qu'elle utilisait un téléphone satellitaire et que le signal risquait de disparaître à tout moment.

— Vous êtes bien à Mana Pools?

Elle m'indiqua l'endroit précis: le camp Vundu. Je la rassurai de mon mieux. Puis je raccrochai pour appeler le centre d'accueil dont je trouvai le numéro sur Internet. Je croyais aveuglément que tout allait être simple. Mais, vu l'heure, personne ne répondit. J'avertis Giada que je ne l'abandonnais pas; dès l'aube, je ferais une nouvelle tentative.

Je ne fermai plus l'œil de la nuit. Je pensai à elle, à son apparition, la plus belle surprise que l'Afrique ait pu me procurer! Puis je l'imaginai dans la Toyota, blottie contre son compagnon qui la réchauffait. Cette vision provoqua en moi un étrange et indéfinissable sentiment de jalousie. C'était contre ma poitrine que je voulais la voir s'appuyer. Je l'aurais embrassée toute la nuit. Puis elle m'aurait demandé: « Serais-tu capable de me défendre contre toutes ces bêtes sauvages? » Je lui aurais dit oui, même si je n'en étais pas tout à fait convaincu.

À l'aube, le centre d'accueil répondit et me promit de faire très vite le nécessaire. Lorsque je rappelai Giada pour l'en informer, le signal faiblit peu après qu'elle eut décroché. La communication fut coupée quelques secondes. Ce n'était qu'une conversation téléphonique, mais j'avais l'impression que Giada allait se volatiliser définitivement. Alors, quand je l'entendis à nouveau, j'osai sauter une étape. Je me mis à la tutoyer, à lui poser des questions indiscrètes.

— Es-tu seule ? Puis-je te parler ?
— Je suis au bord du fleuve, Yanis est resté dans la voiture.
— J'aurais aimé vivre cette aventure avec toi.
— Ne dites pas de bêtises...

Giada protesta mollement. J'avais raison : elle attendait une telle approche. Du reste, en me révélant l'éloignement de son compagnon, n'encourageait-elle pas mon outrecuidance ? J'avais envie qu'elle m'appartienne, avec une convoitise que je ne m'expliquais pas.

— Es-tu heureuse avec lui ?
— De quoi parlez-vous ?

Elle s'offusqua légèrement, mais ce n'était pas convaincant. Cela renforça mon impression que tout n'était pas au beau fixe avec son compagnon.

— Comptes-tu nous laisser une chance, Giada ?
— Je suis en couple, Alessio. Vous êtes bien trop audacieux.
— Tu ne crois pas que notre rencontre est un cadeau inespéré ?

Elle finit par mettre un terme à la conversation, mais je sentais bien qu'elle ne refuserait pas d'autres appels.

Je préférai ne pas me montrer trop effronté. En lui téléphonant au gré de mes envies, je risquais de la joindre au moment où son Yanis se trouvait à ses côtés. J'optai pour les SMS. Je lui envoyais quotidiennement des messages, guettais ses réponses. Les premiers jours, elle ne se manifesta pas, comme si elle voulait d'abord mettre des centaines de kilomètres entre nous, pour être sûre que je ne pourrais pas venir la retrouver sur un coup de tête, me matérialiser inopinément devant elle. J'attendis, avec la certitude envoûtante qu'elle ne me laisserait pas tomber. Giada se montra très prudente dans ses premières réponses – elle me demanda de cesser de lui écrire, de la courtiser. Mais, dans le même temps, elle m'encourageait en évoquant elle aussi la singularité de notre rencontre. À chaque fois que je lisais ses messages, son parfum suave m'enivrait de nouveau. J'avais à présent le désir de connaître son goût, celui de sa salive. Jamais auparavant je n'avais autant senti cet appétit viscéral d'embrasser une femme.

Elle me répondait souvent quand le jour s'éteignait, quand le rideau de la nuit mettait fin au spectacle des ombres. Assis sous le porche, face au lac, j'attendais que les oiseaux se taisent pour céder la place à d'autres bruits plus inquiétants. Je guettais ses mots sur l'écran lumineux et les lisait un à un, lentement, pour les savourer. Elle me parlait de ses craintes de passer les frontières avec les émeraudes. Je la rassurais. À chaque fois que je m'épanchais un peu trop, elle composait, à l'autre bout, de ses doigts de fée, toujours le même message : « Ah ah ah. » Il me parvenait dans la nuit, phosphorescent et limpide. Je le dégustais en souriant, car je devinais aisément qu'il ne signifiait absolument pas un rejet de sa part. Quand elle se taisait, qu'elle retournait vers son Yanis, je m'abîmais dans la contemplation de l'eau noire du lac, duquel je finissais toujours par la voir sortir. Je la voyais partout !

De Lusaka, en Zambie, elle m'annonça fièrement qu'elle avait passé la frontière sans encombre, puis la même chose de Zurich, en Suisse. Je trouvais un peu réducteur qu'elle assimile notre histoire à ce transport d'émeraudes, mais il n'était sûrement pas facile pour elle de remettre en question de but en blanc sa relation avec ce Yanis. Je l'imaginais le cou tendu, pour garder la tête haute, mais agitant désespérément les membres, transformés en propulseurs, pour tenter de me rejoindre. De toute évidence, elle ne voulait pas que je perçoive ce remue-ménage qui devait ballotter son corps et son esprit. Elle s'en tenait à un ton tiède au lieu de laisser libre cours à des mots passionnés qui, j'en étais presque convaincu, brûlaient en elle. Je ne pouvais pas lui en vouloir, mais j'aurais aimé qu'elle soit plus transparente. Elle avait certainement besoin de plus de temps. Il me fallait m'armer de patience, apaiser mes ardeurs.

Sur ces entrefaites, mon opérateur téléphonique zimbabwéen fit faillite et cessa ses activités du jour au lendemain. Cela m'ébranla sérieusement. Je ne pouvais plus ni recevoir ni envoyer de messages. Les premiers temps, des nouvelles circulèrent qu'un autre opérateur allait reprendre l'affaire, que tout rentrerait rapidement dans l'ordre. Par malheur, je n'avais pas emporté mon téléphone italien – depuis plusieurs années, en Afrique, je n'utilisais plus qu'un portable zimbabwéen, bien moins onéreux.

Je tournais frénétiquement en rond sur la rive du lac. J'attendais que le signal réapparaisse. Mes amis du chantier naval se mirent à me taquiner.

— Ça la fera languir, disaient-ils avec de petits sourires moqueurs.

Par fierté, je ne voulus pas emprunter leurs téléphones. Deux jours s'égrenèrent. Mon opérateur persistait dans son mutisme. Il devenait impératif d'en prendre un autre. Mais je tergiversais. Peut-être que les railleries de mes amis du chantier naval avaient produit leur effet. Ne m'étais-je pas plaint du manque d'effusion de Giada, de sa tiédeur à m'exprimer ses vrais sentiments ? Une pensée, d'abord furtive, excita mes neurones. Elle s'affirma petit à petit pour devenir une certitude : Giada avait besoin d'une mise à l'épreuve. Elle avait besoin de réfléchir au fait qu'elle n'avait peut-être pas choisi le bon compagnon. J'avais vécu plus de soixante ans comme un solitaire, comme un alien incapable d'aimer. Maintenant que j'avais trouvé mon âme sœur, je n'avais nul autre choix que de tenter le tout pour le tout. Giada devait souffrir de mon silence, se languir de moi. Je ne lui enverrais plus de messages. En revanche, j'avancerais mon retour en Europe et me présenterais devant elle !

Je la contemplerais de mes yeux verts. Elle serait d'abord médusée, puis tout son être trahirait sa joie.

XII

Sœur Maria Rosaria
Domodossola, 12 août

Alessio avait toujours été d'une émotivité singulière. Il pouvait se laisser entraîner par des sentiments irrationnels qui le poussaient à foncer tête baissée dans une aventure ou, au contraire, à la fuir de toutes ses forces. Rien ni personne ne paraissait capable de lui insuffler un semblant d'équilibre affectif.

Je le connaissais très bien, j'avais été sa confidente, je pensais l'être encore. J'avais vingt ans lorsque Alessio arriva à l'orphelinat. Il avait un an et demi. Je venais d'entrer au monastère. Il était si mignon, je l'adoptai aussitôt. Il semblait me considérer comme sa mère. J'adorais l'asseoir sur mes genoux, lui raconter les histoires que je tenais de ma propre mère. Il s'agrippait souvent à ma robe pour en réclamer plus.

Je déployais des trésors d'imagination pour l'entourer d'affection. Il devint un adolescent vigoureux, intelligent, mais parfois incohérent dans ses émotions. Je me sentais un peu fautive. J'avais certainement commis des maladresses. Pourtant, j'en avais égrené, des chapelets, pour demander à notre Seigneur de le stabiliser affectivement !

Ce beau jeune homme, je n'osais plus le prendre dans mes bras, comme une maman l'aurait sans doute encore fait. Peut-être souffrit-il de cet éloignement soudain, peut-être se sentit-il trahi, abandonné une nouvelle fois.

Quand il fut adulte, notre mère supérieure mit notre maison du Calvaire à sa disposition. Il était notre fils à toutes, en quelque sorte. Là-haut, il était tout près des prêtres du couvent. Il se sentait toujours entouré. L'abbé Arturo savait se montrer d'un réconfort exceptionnel avec lui. Je montais moi-même régulièrement trouver Alessio. La promenade du Calvaire me faisait du bien, dégourdissait mes vieilles jambes. Je mettais un peu d'ordre dans son fatras et tombais parfois sur des objets qui appartenaient à notre passé commun et qu'il semblait vouloir conserver à tout prix. De sous son lit, je vis un jour dépasser un vieux cahier dans lequel je lui avais appris à écrire. Le feuilletait-il encore ? Cela m'émut profondément. Je le revis à tous les âges. Je repensai à la dernière fois qu'il s'était assis sur mes genoux. Je regrettais l'enfant, le petit Alessio vivrait toujours dans un recoin secret de mon cœur.

Pour l'heure, il était en Afrique, à Kariba, comme tous les ans. J'avais été émerveillée par ses incroyables retrouvailles avec son père. Un de ces revirements de situation que Dieu seul orchestrait. Même si Alessio n'avait jamais totalement pardonné à son père – il me l'avait avoué –, ces voyages construisirent sa vie, lui donnèrent un rythme. Il s'enrichit d'autres cultures.

Comme toujours en son absence, j'arrosais les plantes et faisais un peu de jardinage à la maison du Calvaire. Les hortensias avaient envahi le talus et avaient bien besoin d'être taillés. C'était apaisant de retourner la terre du potager. À mon âge, il était important de faire de l'exercice. Près de l'entrée s'entassaient des plaques de gneiss qu'Alessio s'était procurées dans le but de créer un sentier. Mais il ne l'avait jamais fait. Avec le temps, elles s'étaient garnies de mousses et de pousses de réglisse. Je perdais espoir qu'il les utilise un jour. Alessio s'enthousiasmait pour toutes sortes de projets qu'il peinait à concrétiser. Il se comportait comme un enfant gâté qui veut tout, tout de suite, mais se lasse vite. Était-ce ma faute ? J'avais souvent assouvi ses petits caprices. Que pouvais-je faire d'autre quand il me fixait de ses grands yeux verts larmoyants ? Si je ne cédais pas, il boudait, s'enfermait dans un mutisme obstiné.

L'abbé Arturo me rejoignit dans le jardin. Il semblait soucieux, effrayé même, mais il arborait souvent un air étrange.

— J'ai reçu un mail d'Afrique, sœur Maria Rosaria, me dit-il sans même prendre le temps de me saluer.

Il était prompt à s'inquiéter. Aussi continuai-je à ratisser tranquillement les rameaux d'hortensias éparpillés au sol.

— Vous avez encore beaucoup d'énergie, ma sœur, commenta-t-il. Par cette chaleur...

Je m'appuyai contre le manche du râteau, pour le fixer avec malice.

— Vous n'êtes pas calfeutré dans votre église aujourd'hui, *don* Arturo ? le taquinai-je.

— Au moins, il fait frais dans mon église en été, ma sœur.

— Quel est le sujet de ce mail dont vous vouliez me parler ? repris-je comme il semblait avoir mis sa préoccupation entre parenthèses.

L'abbé s'assit sur le tas de gneiss. Je le rejoignis et pris place sur un coussin de mousse. C'était une très chaude après-midi d'été. Par un heureux hasard, la pile de pierres bénéficiait de l'ombre des grands châtaigniers. L'abbé sortit un mouchoir de sa poche pour s'éponger le front. Il déboutonna son col de chemise. La chaleur le faisait souffrir, sa corpulence ne devait pas aider non plus...

— Aux dernières nouvelles, il a rencontré une femme qui lui plaît ! dit-il avec un peu de peine.

Je me demandai si c'était à cause des trente degrés à l'ombre ou du souci que lui causait ce message.

— Vous êtes devenu son confident, *don* Arturo ?

— Il me parle toujours de ses rencontres.

À ma connaissance, Alessio se laissait rarement séduire par une femme. Il restait sur ses gardes, obnubilé par la peur d'être abandonné. S'agissait-il d'une interprétation de l'abbé ? Celui-ci s'en défendit vertement.

— Il y a plus étonnant encore..., ajouta-t-il, laissant planer le suspense.

Ma curiosité était telle que je lui posai familièrement une main sur la cuisse, le regardant avec insistance en attendant fébrilement la suite. L'abbé fut impitoyable :

— Vous aussi, vous semblez avoir un coup de chaleur, ma sœur. Allons parler dans l'église.

S'épongeant à nouveau le visage et la nuque, il se remit péniblement en marche. Je lui emboîtai le pas.

Un escalier en granit donnait accès à l'église. L'abbé monta les marches quatre à quatre malgré son embonpoint, comme aspiré par la fraîcheur qui l'attendait à l'intérieur. Le Christ en croix nous accueillit, entouré de ses anges. À la chapelle du monastère, c'était souvent à Lui que je m'adressais dans mes prières. L'abbé s'agenouilla au premier rang. Sa respiration, difficile quelques instants plus tôt, était devenue plus harmonieuse. Je trottinai jusqu'aux pieds du Christ. Je l'observai de bas en haut et pensai à Alessio qui portait sa croix, lui aussi, sur son chemin de vie.

L'abbé scanda une rapide prière qui résonna sous la voûte de l'église. J'allai m'agenouiller à côté de lui.

— Qu'y a-t-il de bien plus étonnant, *don* Arturo ?

— Elle n'est pas libre, sœur Maria Rosaria. Cette femme a déjà un compagnon !

Je regardai le Christ. Il avait l'air troublé, inquiet... Malgré son âge, Alessio n'était pas très mature sur le plan des sentiments, le discernement lui faisait souvent défaut. Quel malheur qu'il se soit épris d'une femme mariée !

— Avez-vous d'autres détails ? demandai-je, avec une nervosité que je tentai de dissiper en prenant de profondes inspirations.

— Tenez, lisez vous-même !

L'abbé me tendit une feuille un peu chiffonnée, extraite de la poche interne de sa soutane et dépliée avec précaution. Je la saisis fébrilement.

Le fait qu'Alessio était perturbé se percevait dans les phrases, l'incohérence des déductions, des certitudes. Rien n'était clair dans ce message. J'aurais bien aimé savoir ce qu'il se passait dans la tête d'Alessio. Je pensai à ce qui était arrivé à son père en Afrique, avec cette Aneni dont Alessio m'avait parlé. J'aurais aimé que la même magie opère sur lui. Je relus le texte. L'abbé s'était levé pour allumer quelques grands cierges, juste sous les pieds du Christ.

— Une Africaine ? demandai-je pour qu'il cesse de déranger le Christ.

Alessio ne le mentionnait pas dans son mail.

Soudain, la terre se mit à trembler. Une secousse brève mais violente.

— Alessio ! m'écriai-je comme la croix s'écrasait au sol, fracassant le Christ.

L'abbé me lança un regard interloqué.

Il y eut une deuxième secousse, moins intense que la première.

— Un séisme ! déclara l'abbé, qui avait pris appui sur le dossier d'un banc.

J'examinai l'église, la voûte, le sol, l'entrée. Je ne vis rien d'inquiétant. Nous nous figeâmes dans l'attente d'un nouveau tremblement. Deux prêtres accoururent de derrière l'autel, attirés par le vacarme de la chute de la croix.

— Seigneur Jésus ! fit l'un d'eux en voyant les débris de plâtre répandus sur les dalles en marbre.

L'abbé se mit en tête de les rassembler, comme s'il était possible de reconstituer le Christ en quelques secondes ! Je m'inquiétais plutôt du tremblement de terre. Y aurait-il d'autres secousses ?

— Il vaut mieux sortir, non ?

Cela paraissait bizarre, d'ailleurs, de ne pas avoir eu ce réflexe dès le début.

Dehors, sur l'esplanade, nous trouvâmes d'autres prêtres sortis du couvent. Tous scrutaient le bâtiment à la recherche d'une fissure, d'une cheminée effondrée. Aucun dégât visible à l'œil nu, pour le moment.

De tels événements n'étaient pas exceptionnels dans notre région. Quelques séismes similaires, de faible magnitude, avaient ponctué ma vie.

En contrebas, la ville paraissait calme, comme si les citadins, eux, n'avaient pas perçu les secousses. Les minutes s'écoulaient et la crainte qu'il s'en produise de nouvelles s'amenuisait. Quelques prêtres rentrèrent dans le couvent. D'autres, plus inquiets, s'attardèrent à discourir sur les tremblements de terre.

— Il faudra tout de même écouter les nouvelles, suggéra l'un d'eux, pour connaître l'opinion des sismologues...

L'abbé voulut retourner vers le Christ en morceaux.

— Pourquoi l'avez-vous appelé « Alessio » quand il est tombé ? s'enquit-il de sa voix gutturale.

Je ne m'expliquais pas moi-même la confusion que j'avais faite entre les deux... Que pouvais-je bien répondre à l'abbé ? Il eut l'intelligence de ne pas creuser la question. Je devais être folle pour avoir commis cet amalgame blasphématoire.

Quand je redescendis au monastère, rien ne me parut différent des autres jours. Les gens vaquaient à leurs occupations. Seule la colline avait bougé ; la ville semblait avoir été épargnée. Mais ce tremblement de terre s'était probablement répercuté ailleurs, dans la montagne ou dans d'autres villages.

Dans ma chambre qui embaumait l'essence de vétiver, je fixai l'écran de mon ordinateur ; il se mit à diffuser une odeur d'Afrique, de bêtes sauvages. Je m'assis devant. Je ne pensais plus qu'à une seule chose : écrire à Alessio ! Je mourais d'envie d'en savoir plus. Il faisait nuit à présent. De ma fenêtre ouverte, je voyais un monde infini d'étoiles. Cet immense espace m'aspirait, aussi facilement qu'un grain de poussière balayé par une tornade. Je me laissai transporter en Afrique. En une seconde, je fus avec lui, à Kariba, un peu vexée, je l'avoue, de ne pas avoir eu la primeur de la grande nouvelle.

Alessio mit deux interminables jours à me répondre, et il le fit d'une manière encore plus décousue que dans son message à l'abbé. Il laissait ses phrases en suspens, comme si un fourmillement insupportable lui avait parcouru le bras. J'eus l'impression qu'il se noyait dans ses mots. J'appris tout de même que ce n'était pas une Africaine, mais une femme d'ici, de Domodossola ! C'était à peine croyable ! Il l'avait rencontrée par hasard, dans cette église de Kariba où il se rendait tous les ans. « Sœur Maria Rosaria, m'écrivait-il, sa manière d'être est si familière que j'ai le sentiment de la connaître depuis longtemps. » Que lui répondre pour modérer son enthousiasme à l'égard d'une femme déjà prise ? Pour éviter un déploiement d'énergie probablement inutile, je m'autorisai une autre pensée : et si cette femme était consentante ?

L'été battait son plein. De la fenêtre de ma chambre, les branches du grand tilleul semblaient disloquer la lumière et l'éparpiller dans le jardin. Un rayon plongeait sur les jambes de la mère supérieure assise sur un banc sous la tonnelle. Les oiseaux avaient déserté un ciel trop chaud, trop blanc. Je fermai les paupières pour imaginer la femme dont s'était épris Alessio. Je vis des taches, des plaques orange. Et m'extasiai une fois encore sur le côté extraordinaire de cette rencontre.

Orphelinat du monastère, 17 juillet 1958

J'étais présente quand on nous l'amena. Nous étions informées de sa venue. Tout se savait à Domodossola, c'était une petite ville. Michele était un bel enfant d'un an et demi à la marche encore hésitante et qui se faisait comprendre en bredouillant quelques mots.

— Il est très gentil, déclara son accompagnatrice, et puis il est si mignon. On a enterré sa maman il y a deux jours.

Elle était extrêmement nerveuse, comme si elle se sentait coupable.

— J'aurais voulu l'adopter, mais mon mari n'est pas d'accord, balbutiat-elle à mi-voix, presque honteuse.

Elle s'éloigna de quelques pas. Le petit garçon, apeuré, se mit à pleurer. La mère supérieure tenta de le réconforter d'une caresse. Michele recula pour rejoindre celle qui l'avait convoyé.

— Reste avec la mère supérieure, Michele. Reste avec la mère supérieure, répétait-elle.

L'enfant semblait désorienté. Il tournait la tête tantôt vers la mère supérieure, tantôt vers la femme, à la recherche d'une planète sur laquelle atterrir, poser ses pieds, être en sécurité. Il s'assit, recroquevillé entre les deux femmes. La mère supérieure le prit dans ses bras, pour ne pas le laisser se faner comme une fleur coupée. Quel pouvait être l'état de conscience de ce petit ? J'ignorais s'il se rendait compte qu'il avait perdu sa mère, mais je savais que les traumatismes du jeune âge sont les plus dévastateurs.

— Son père est mort noyé sur un chantier, en Afrique, ajouta la femme.

Nous étions déjà au courant.

À présent, Michele se blottissait dans les bras de la mère supérieure et ne regardait plus la personne qui l'avait conduit ici.

— Vous avez vu ? bredouilla celle-ci. Je crois qu'il vous a adoptée.

Un orage d'été tonitruant s'abattit soudain sur la ville, sur le jardin du monastère. Une pluie dense et violente qui inonda les allées et les pelouses. Sans ce caprice de la nature, la femme serait peut-être simplement repartie en nous abandonnant Michele. Mais elle hésita. Puis elle serra son sac à main contre sa poitrine et, tout en le tapotant de ses doigts, nous dit qu'il y avait de l'argent à l'intérieur, beaucoup d'argent.

— C'est celui de l'assurance, l'indemnité pour le décès de son père, Giuseppe. Sa mère, Luciana, nous l'a confié quand elle se savait déjà perdue, déclara-t-elle d'une traite.

Michele avait cessé de sangloter, mais il restait prostré. La mère supérieure me le passa. Il enfouit aussitôt sa tête dans ma poitrine, comme pour s'extraire de cette scène. La mère supérieure s'approcha de la dame, lui posa délicatement une main sur l'épaule.

— Vous êtes une brave personne, lui dit-elle d'une voix infiniment tendre.

— Jésus Marie, murmura la femme en faisant le signe de croix.

La mère supérieure la serra dans ses bras. Un silence s'invita dans l'entrée du monastère, un silence qui sembla rebondir sous les voûtes du plafond, nous envelopper, nous paralyser. La pluie redoublait d'intensité, mais ce bruit nous était étranger, comme provenant d'un autre monde. Je berçai Michele. Il me sourit en soulevant un peu la tête. Je fus frappée par ses magnifiques yeux verts. J'essuyai un reste de larmes sur sa joue.

La mère supérieure prit le sac de la femme, en retira une liasse de billets et, sans compter, la lui tendit.

— Gardez cela, vous le méritez, lui souffla-t-elle.

Lorsqu'elle se tourna ensuite vers moi, l'enfant eut peur. Il s'agrippa très fort à mon cou sans rien dire. La mère supérieure m'observa d'un air amusé.

— Vous vous occuperez de lui en priorité ! déclara-t-elle en restant à distance pour ne pas effrayer davantage Michele.

Elle paraissait mal à l'aise, avec ce sac plein d'argent qu'elle faisait passer d'une main dans l'autre. Puis, reprenant contenance, elle ajouta avec une certaine autorité :

— Nous sommes le 17 juillet, Maria Rosaria, on fête saint Alexis de Rome aujourd'hui, nous l'appellerons « Alessio ». Cet enfant a besoin d'un nouveau départ.

À dater de ce jour, je m'occupai d'Alessio à temps plein. J'essayai d'être une mère pour lui. Les premiers temps, il cherchait, réclamait encore sa vraie maman. C'était insupportable de l'entendre gémir avant de s'endormir, de déchiffrer derrière ses bredouillages, entre deux sanglots, le mot « maman ».

— Bonbon ! disait-il ensuite.

Je lui donnais des douceurs. Je lui aurais donné n'importe quoi, pourvu qu'il arrête de pleurer.

Un jour, j'eus la curiosité de m'informer sur saint Alexis. J'appris qu'il avait donné toutes ses richesses aux pauvres avant de devenir lui-même un mendiant. Mon Alessio était né mendiant, en un sens. Je nourrissais l'espoir que sa vie soit différente. La mère supérieure connaissait-elle l'histoire de ce saint avant de rebaptiser Michele ?

XIII

Giada
Domodossola, 6 septembre

Mon séjour se prolongeait à Domodossola. Calatrone avait encore besoin de moi, et je n'étais pas prête de toute façon à rentrer en Suisse. Yanis souhaitait me rejoindre pour le week-end, je n'étais pas certaine de le désirer déjà près de moi. Je fis tout pour l'en dissuader, même si je me sentais tiraillée par des sentiments contradictoires. Je restais attachée à Yanis, mais c'était Alessio que je voulais impérativement retrouver.

La veille, en début d'après-midi, Calatrone avait commencé à fouiller la maison de fond en comble. Il découvrit la cachette où j'avais remisé mes émeraudes. Je les en avais extraites quelques jours plus tôt, je les gardais désormais sur moi. Je dormais avec elles.

J'avais suivi les agents de l'inspecteur dans toutes les pièces, de la cave au grenier, en proie à une sorte de mélancolie. Je revoyais partout mon père, ma mère ou la femme de ménage, Amalia. Dans son bureau, papa feuilletait ses livres de peinture, indifférent au reste du monde. Je m'approchais de lui, frôlais ses épaules. Il mettait alors une main sur la mienne sans se retourner en disant « ma chère ». Mais il était si absorbé dans sa lecture que je n'étais jamais sûre qu'il m'ait reconnue. Il aurait aussi bien pu s'agir de maman ou d'Amalia.

Parvenue à l'âge adulte, il me fut donné plusieurs fois d'entendre des insinuations, des médisances sur mon père : on le disait mari infidèle. Il était très proche d'Amalia. Enfant, je le détestais lorsqu'il posait son regard avec insistance sur elle et non sur moi, sa fille.

Maman l'avait toujours su, j'en étais convaincue, mais elle était de ces femmes prêtes à braver les racontars et à absoudre les péchés pour rester dans l'aisance financière. C'était une autre époque. D'ailleurs, je me laissais aussi acheter par des cadeaux incessants et très généreux. Je vivais dans le luxe. Même maintenant, même avec Yanis, je continuais d'obtenir à peu près tout ce que je désirais. Je ne savais pas compter, je n'eus jamais besoin d'apprendre. Mes parents comptaient pour moi, les compagnons qui ponctuèrent ma vie s'en chargèrent ensuite. Je réalisais désormais que mon insouciance vis-à-vis de l'argent avait quelque chose d'indécent. Je le déplorais, mais était-il encore possible d'y faire quoi que ce soit ?

Au sous-sol, les hommes de Calatrone firent une découverte invraisemblable.

J'étais à la cuisine, je venais de mettre la cafetière italienne sur le feu, répétant des gestes maintes fois accomplis en ce lieu par ma mère. Dans cette pièce, une porte donnait directement sur l'escalier en pierre qui descendait à la cave.

— Venez voir, madame ! entendis-je soudain l'inspecteur comme s'il se trouvait à mes côtés.

Je connaissais l'existence d'une cachette dans la partie « cellier », camouflée par une caissette de cognac qui pivotait. Mon père nous l'avait montrée, mais n'y avait jamais rien dissimulé. Calatrone avait-il fait une autre découverte ?

Une fois en bas, je sentis mon visage se contracter de surprise. La grosse armoire en bois à deux battants, encastrée dans l'épais mur en pierre, avait été sortie de sa niche, révélant une ouverture à l'arrière.

— Ça alors ! m'écriai-je, stupéfaite.

L'inspecteur me regardait triomphalement.

— Vous voyez cette poignée ? dit-il. Il suffit de tirer pour faire coulisser les battants de l'armoire !

— Je n'ai jamais vu de poignée !

— Elle était dissimulée sous ce double fond.

J'étais sidérée d'avoir vécu toutes ces années dans une maison que je connaissais en fin de compte si mal. Par-delà l'ouverture, j'aperçus un espace éclairé. Un frisson me parcourut l'échine. La villa avait été réquisitionnée par les Allemands pendant la Seconde Guerre mondiale, ils en avaient fait leur état-major. J'imaginai mille horreurs. Des images insensées traversèrent mon esprit. J'étais dans la confusion la plus totale. Je dus m'asseoir dans l'escalier. Calatrone posa une main sur mon épaule.
— Calmez-vous, il n'y a rien à craindre.
Je continuais de trembler.
— Venez voir, vous serez rassurée.
Il me prit le bras pour faire ces quelques pas. Passant la tête par l'ouverture, j'aperçus deux néons au plafond. Ils diffusaient une lumière éblouissante qui se mit à tournoyer. Je vacillai. Calatrone me soutint, aidé par un collègue.
— Ça va ?
Je dirigeai mon regard vers le bas, et vis des tableaux, des portraits, des paysages, appuyés les uns aux autres, posés par terre sur des lambourdes.
Je sentis une rage naître en moi. J'aurais voulu que les policiers disparaissent, me retrouver seule avec mon sentiment d'impuissance, brûler toutes ces toiles et désintégrer ce secret infamant dans lequel je supposais mon père impliqué. Calatrone me ramena brutalement à la réalité.
— Ne touchez à rien ! m'ordonna-t-il.
Il me questionna. Ne voyait-il donc pas que j'ignorais tout de ce trésor ?
Il avait la certitude que quelqu'un venait de façon périodique dans ce local.
— Vous savez ce que c'est ? me lança-t-il encore en pointant d'un geste impérieux un appareil au fond de la pièce.

Je hochai la tête. Je n'en avais aucune idée.

— C'est un déshumidificateur!

Il me révéla la nécessité d'en vider régulièrement le réservoir d'eau. Je le toisai, incrédule.

Depuis la mort de papa, seule ma mère avait pu s'en charger. Qui d'autre pour vider régulièrement ce bac? Amalia, l'ancienne femme de ménage, qui passait encore régulièrement voir maman? Un vertige tenace s'empara de moi tandis que j'imaginais des scénarios qui m'excluaient tous. En vivant dans ma bulle, un peu comme une princesse, j'étais passée à côté d'un nombre incroyable d'informations.

La présence de ces tableaux m'était incompréhensible. Mon père les avait-il secrètement accumulés tout au long de sa vie ou était-ce un trésor de guerre abandonné par les Allemands? Sa passion pour la peinture provenait-elle de la découverte de ce trésor, comme la passion pour le jeu peut devenir une addiction pour celui qui gagne une fois? J'eus alors une pensée plus audacieuse, qui me dévasta: et si mon père avait acheté cette maison en connaissance de cause?

Je fis le tour de la villa. J'étais totalement déstabilisée. Je me parlais à haute voix, une voix étrange, celle de mon enfance. Je m'entendais prononcer des mots qui ne m'étaient jamais sortis de l'esprit: *Tu as beaucoup de tableaux, papa... Lequel est le plus cher?*

Dehors, juste au-dessus de cette cache mise au jour, à l'encoignure de la maison, se dressait un imposant forsythia. Je l'y avais toujours vu. Je me souvenais de ses fleurs jaunes brillant au soleil alors que la neige fondait sous mes pieds. La tortue s'engouffrait dans son branchage touffu pour y disparaître pendant tout l'hiver. Dire qu'il plantait ses racines au-dessus des toiles que cachait mon père! Je contournai l'arbuste, en tapant du pied dans l'espoir que cela sonne creux. Je me faufilai le long du mur en écartant les branches. Quelques rejets pointus griffèrent mes bras nus. Là, contre le mur, je découvris une grille. Son rôle était évident maintenant que je savais ce qu'il y avait sous mes pieds : elle servait à aérer la cache. Et c'est sans doute parce que de l'air chaud remontait du sous-sol que la tortue avait fait de cet endroit son abri hivernal.

J'eus brusquement l'impression d'être happée à l'intérieur de moi-même, de revenir en arrière, à mon enfance, avec l'envie de tout recommencer. Si j'avais été une enfant plus curieuse, plus vivace, n'aurais-je pas découvert le pot aux roses ? Mais je m'étais laissé endormir par toutes les largesses que m'offraient mes parents.

Pour Calatrone, il n'y avait aucun doute : le meurtre de ma mère était lié à ces tableaux. Restait à identifier les toiles de la cache ainsi que celles qui ornaient les murs de la maison, mais, d'après l'inspecteur, il s'agissait de peintures d'une grande valeur.

Moi, je pensais aux émeraudes. Quelqu'un de malveillant aurait pu rudoyer maman, convaincu qu'elle était au courant de leur existence... Ma mère semblait connaître son assassin. L'homme était sûrement d'ici, de Domodossola. Je soupçonnai même M. Brunetti, son bijoutier, auquel j'avais montré les pierres.

Je voulais absolument parler à Alessio avant de m'ouvrir de ce sujet à Calatrone. Mais il demeurait introuvable. Son téléphone zimbabwéen semblait mort. Devais-je retourner au Calvaire pour savoir s'il était rentré ?

XIV

Sœur Maria Rosaria
Domodossola, 25 août

Dans son dernier mail, Alessio disait qu'il rentrerait plus tôt que prévu !

Depuis qu'il était à la retraite, il restait plus longtemps là-bas. Il devait anticiper son retour pour elle.

J'insistai lourdement pour qu'il me dévoile le nom de cette femme. En général, il cédait vite à mes demandes. La situation s'était inversée. Je ne pouvais m'empêcher d'assouvir ses caprices lorsqu'il était enfant. Maintenant, c'était moi, la vieille sœur, qui trépignait d'impatience.

Domodossola était une petite ville et le monastère étant un lieu ouvert – donc perméable aux commérages –, l'octogénaire que j'étais était presque certaine de connaître la famille de cette femme. Je dus promettre à Alessio de n'en parler à personne. « Même pas à *don* Arturo ! », m'écrivit-il avant de taper « Giada Stronari » sur son clavier. Quiconque m'aurait vue alors se serait inquiété de mon trouble. Je me sentais très mal.

Je ne répondis pas à Alessio, il se douta donc de ma contrariété. Dans son message suivant, il me pressa de raconter ce que je savais au sujet de cette femme, mais je tergiversai.

Les Stronari étaient bien connus à Domodossola. Carlo Stronari avait été l'ophtalmologue-chef de l'hôpital. Enfant d'une très riche famille de notaires, il avait lui-même continué à amasser de l'argent. Sa passion pour la peinture était également de notoriété publique, c'était un grand collectionneur de tableaux.

Tout n'était cependant pas limpide chez ce personnage. On disait qu'il avait collaboré avec les Allemands pendant l'Occupation. Avait-on jamais vu de la fumée sans feu ? Carlo Stronari avait même acquis la villa où les officiers nazis s'étaient installés pendant cette sinistre période.

Teresina Cavini, la mère de Giada, était issue d'une famille pauvre. C'était une très belle jeune femme. Elle avait réussi à séduire Carlo Stronari, alors déjà quadragénaire, et à l'épouser. Teresina baigna tout à coup dans l'opulence. Je crois qu'elle aimait bien, qu'elle adorait même l'argent, à tel point qu'elle semblait avoir complètement renié sa famille.

Leur fille, Giada, n'était plus vraiment d'ici, de Domodossola. Dès son adolescence, on l'avait envoyée en Suisse dans des écoles privées. Elle y habitait encore. Notre ancienne mère supérieure avait des antennes partout. Elle supervisait les sœurs infirmières de l'hôpital aussi. Celles du service d'ophtalmologie lui avaient raconté que la petite Giada était très capricieuse ! Rien d'étonnant puisque, étant par ailleurs fille unique, elle avait dû être choyée à l'excès. Que venait faire mon pauvre Alessio dans ce monde de nantis ?

Avec les sœurs du couvent, nous n'avions jamais vu d'un bon œil la famille Stronari qui, malgré sa richesse, ne nous avait jamais soutenues.

Devais-je raconter tout cela à Alessio ? J'avais parfois tendance à le considérer comme un enfant fragile qu'il me fallait encore protéger. Pauvre vieille sœur nostalgique que j'étais ! Il valait mieux que j'aille prier à la chapelle plutôt que d'accumuler des pensées presque manipulatrices. Je n'allais tout de même pas m'arroger le droit de critiquer cette extraordinaire rencontre, alors que le Bon Dieu l'avait autorisée !?

Le jour s'était levé sur la ville. Je m'étais réveillée à l'aube. Le soleil naissant montrait d'infinies nuances de couleur. La lumière était encore douce. Une sœur arpentait les allées du jardin du monastère. Sœur Christina. Elle le faisait toujours avant de se rendre à la chapelle.

Mon besoin de me confier à quelqu'un était si impérieux que je décidai de trahir Alessio. Et sœur Christina était si discrète. Je m'empressai de la rejoindre au jardin. Je la trouvai assise sous la tonnelle, se cachant déjà du soleil qui n'était pourtant encore guère ardent. Sœur Christina vivait la nuit. Elle devait méditer de longues heures dans l'obscurité. Au monastère, elle était notre philosophe. Elle appréciait qu'on sollicite son opinion, souvent pleine de bon sens.

— Vous êtes matinale, me dit-elle avec un large sourire qui illumina son visage lunaire.

Je décidai de lui parler immédiatement. Dans la chapelle, elle demanderait le silence pour pouvoir se recueillir.

— Quelque chose me tracasse, sœur Christina.

Elle me prit par le bras.

— Quelque chose ou quelqu'un ? L'autre jour, vous m'avez parlé d'Alessio.

— C'est encore lui, j'ai appris qui est la femme dont il s'est épris.

— Et ?

— J'ai bien peur qu'ils ne soient pas compatibles…

Elle ne me laissa pas en dire plus.

— On croirait que vous êtes jalouse, sœur Maria Rosaria !

Je fus estomaquée par sa remarque avant de me rendre compte qu'elle renfermait une parcelle de vérité. N'étais-je pas un peu trop possessive s'agissant d'Alessio ? Pourtant je ne me sentais pas responsable de son célibat. Devais-je me reprocher de n'avoir pas su corriger ce déséquilibre affectif dans lequel il était plongé depuis toujours ?

Sœur Christina me fixait. J'aurais aimé qu'un nuage passe, qu'il ternisse l'éclat de son visage. Je baissai les yeux.

— Vous avez peut-être un peu raison, sœur Christina.

— Racontez-moi quand même.

Elle n'avait pas lâché mon bras, qu'elle serrait doucement, comme pour me redonner confiance.

Sœur Christina était bien plus jeune que moi, elle ignorait ou ne voulait pas considérer ce qui se racontait dans notre petite ville. Elle était trop intelligente, trop prudente pour simplement accepter la vérité des autres. Bien entendu, je me questionnais aussi, sans doute avec une sagacité moindre. La conversation avec sœur Christina offrit un temps de repos à mon esprit malmené. Je décidai de ne rien dire à Alessio, de prétendre n'avoir aucune information particulière sur cette Giada. Peut-être était-elle après tout un ange sur le chemin d'Alessio. Pourquoi aurait-elle à tout prix été venimeuse ?

XV

Alessio
Domodossola

Je rentrai de Kariba le samedi 31 août.

Le long vol nocturne me laissait toujours fourbu. Impossible de m'assoupir, coincé dans ce siège, les membres et les muscles contorsionnés. Cette fois-ci, lorsque j'arrivai à Milan au petit matin, une tempête faisait rage dans mon crâne. J'entendais Giada m'appeler. J'aurais voulu me précipiter auprès d'elle, mais je me rappelai ma décision de la laisser languir. Sans compter que je me devais d'être au mieux de ma forme pour la rencontrer. Là, j'étais tout ratatiné. Il me faudrait bien deux jours pour récupérer le sommeil perdu, pour que mes iris retrouvent leur bel éclat vert.

Les champignons peuplaient déjà le sous-bois autour de ma maison du Calvaire. Je posai ma valise dans ma chambre, tout en haut sous les toits, attrapai le vieux panier dans le vestiaire, et partis faire ma cueillette. C'étaient les amanites tue-mouches que je cherchais. Elles poussaient librement dans la forêt, au-dessus du couvent. Personne ne s'en préoccupait, bien que certains promeneurs s'amusent à leur donner des coups de pied. J'avais appris à maîtriser leur consommation, petit à petit, en commençant par de faibles doses. À présent, j'avais besoin de deux ou trois beaux chapeaux bien secs pour que les choses s'animent et que j'entende la voix de maman. Un moyen facile d'atteindre la béatitude. La clarté mentale. Pourquoi m'en priver ?

Je récoltai les premiers spécimens de l'année. Ils étaient moins chargés en substances hallucinogènes. Leur séchage nécessitait un soin infini. J'utilisais pour ce faire un appareil électrique doté d'une hélice qui tournait très lentement, dont le mouvement m'hypnotisait. Sœur Maria Rosaria croyait que je m'en servais pour sécher les tomates qu'elle cultivait dans le potager. Un jour, elle découvrit ma cueillette, ces beaux chapeaux rouges parsemés de points blancs.

— Jette-les, m'avait-elle ordonné, tu ne sais pas qu'ils sont toxiques ?

Si les guides se contentent de mentionner que ce champignon est vénéneux, elle devait savoir qu'il était en fait hallucinogène, mais il y avait peu de chances qu'elle se doute que j'en avais fait ma drogue, que je retrouvais avec euphorie une famille grâce à elle.

Le couvent était calme en ce jour de mon retour. L'esplanade était déserte. Je fis le tour des bâtiments endormis. L'église était vide. Personne ne priait dans la crypte. Bizarre. J'eus envie de pénétrer le mystère de ce silence en allant saluer l'abbé Arturo. Mais, comme je venais de cueillir des amanites, le film des dernières folles rêveries qu'elles m'avaient offertes refit délicieusement surface dans ma tête. Je savais qu'il m'en restait une dose sèche de l'année précédente, aussi renonçai-je à aller visiter l'abbé. Quand je mangeais ces champignons et que j'étais fatigué, éreinté par une nuit sans sommeil, l'effet en était décuplé.

Je quittai la maison aussitôt après avoir avalé cette dose, hanté par l'image du panier d'amanites tue-mouches posé sur la table. J'avais besoin de la liberté de la forêt. Surtout, j'avais besoin de Giada. Elle apparaissait derrière chaque tronc, me souriait, m'appelait. J'embrassai des arbres, à chaque fois déçu de ne palper qu'une écorce. Pourtant, je la retrouvais autant que je la perdais. Était-ce parce que mes yeux voyaient mal ? Je piaillai, peut-être criai-je. Il me parut tout à coup indispensable d'aller trouver un spécialiste pour faire corriger mon problème de vue. Giada continuait de se matérialiser à la ronde. Je savais que son père avait été ophtalmologue. Comme s'il était toujours vivant, j'eus soudain l'idée obsessionnelle de me rendre à son cabinet.

Je dévalai la colline au milieu du bois par une pente raide. Je ruisselais de sueur. Je m'écorchai, mes vêtements furent troués par les crocs des branches et des cailloux. J'atteignis la ville. On me vit peut-être errer comme un fantôme, arpenter les rues de Domodossola. J'ignorais jusqu'où m'avait mené mon délire.

Lorsque je recouvrai totalement mes esprits, dans la soirée, à la maison, une sensation amère, ou pour le moins troublante, s'était incrustée dans mon esprit. Cette fois, le voyage psychédélique ne m'avait pas semblé si prodigieux. Au lieu de m'extasier des mille Giada qui m'étaient apparues, l'angoisse de ne pas avoir vu la vraie m'avait profondément envahi. Le miroir me refléta un visage déconfit, ravagé, des yeux plus ternes que jamais. J'avais des traces de sang sur les mains et sur un de mes genoux écorchés.

Le lendemain 1er septembre, mon aspect ne s'était guère amélioré. Il me fallait encore attendre avant de me présenter devant Giada. Je mis mes amanites fraîches dans le séchoir. Je sentais le besoin de refaire un voyage pour oublier mon expérience déplorable de la veille. D'ici deux ou trois jours, elles seraient prêtes. L'extase totale aurait été d'inviter Giada, pour quelques heures, dans ma sublime errance.

Le surlendemain, j'appris par sœur Maria Rosaria une nouvelle qui me glaça. La mère de Giada avait été assassinée, égorgée dans sa maison ! Je me sentis atrocement coupable. Je devais attirer les malheurs. J'avais peut-être déjà tué ma propre mère et, maintenant, c'était au tour de celle de Giada.

Sœur Maria Rosaria me suggéra de laisser Giada vivre son deuil, de ne pas la harceler en ces moments d'accablement. J'hésitai, mais finis par suivre son conseil. Giada était certainement entourée de ses proches, de son compagnon, me persuadai-je malgré mon besoin urgent de la consoler. J'attendis encore quatre jours, des jours qui me parurent des semaines, puis je ne résistai plus.

6 septembre

Au moment de lui téléphoner, j'avais la main qui tremblait. Je dus m'asseoir pour taper sur les bonnes touches.

Elle répondit aussitôt, dès la deuxième sonnerie. Pourtant, elle ne savait pas que c'était moi. Elle ne connaissait pas mon numéro italien.
— Allô ?
— C'est Alessio !

Un étrange silence s'ensuivit, uniquement scandé par le bruit de nos respirations. Il me fut difficile de le briser.
— J'ai appris pour ta mère...

Pas de réaction. Je m'inquiétai.
— Tu es là ?
— Oui, je vous écoute.

Ces premiers échanges se déroulèrent dans un climat de défiance mutuelle.
— Je suis à Domodossola..., dis-je au bout d'un moment en pesant mes mots.
— Depuis quand ?

Je lui racontai la vérité, la vraie date de mon retour, et les jours que j'avais laissés s'écouler pour ne pas la déranger. Sa réponse me surprit :
— Je vous ai cherché, Alessio, à plusieurs reprises. Vous ne répondiez plus.

Je lui fis part du problème de mon opérateur téléphonique zimbabwéen. Replonger dans les images de Kariba, de notre rencontre dans l'église, m'occasionna un vertige. La cadence de mes battements cardiaques me faisait savoir que ma flamme pour elle continuait d'onduler, de crépiter.

Giada semblait pressée de me voir. C'était elle qui avait découvert le cadavre de sa mère, me dit-elle nerveusement. Et de m'expliquer confusément, avec une émotion évidente, que l'on ne connaissait pas encore les raisons de ce meurtre.

— Je suis vraiment désolé, Giada. On peut se voir quand tu veux.

Je cachai mon empressement à la retrouver pour ne pas l'effrayer, et aussi par peur de buter sur les mots. Je la persuadai tout de même de venir chez moi, au Calvaire. Elle me déconcerta en m'apprenant qu'elle s'y était déjà rendue.

— Quand es-tu venue ?
— Juste avant d'être confrontée à cette horrible...

Elle ne parvint pas à terminer sa phrase. Je l'entendis sangloter. Je ne pouvais pénétrer dans son univers de souffrance, c'était à elle de refaire surface. De longues secondes s'écoulèrent avant qu'elle ne produise un son, d'abord incompréhensible, mais qui, répété, s'avéra lourd de signification.

— Samedi dernier, dans l'après-midi.

J'eus à peine le temps d'intégrer cette étrange coïncidence entre sa venue chez moi et mon voyage psychédélique que Giada m'asséna un coup terrible.

— C'était ouvert, je suis entrée, poursuivit-elle. Il y avait un panier d'amanites tue-mouches sur la table.

Qu'avais-je pu faire, cet après-midi-là ? J'eus beau me creuser la cervelle, seul un fatras de curieux et pénibles souvenirs me revint à la mémoire.

Quand elle arriva, en fin de journée, devant ma porte, son premier mouvement fut d'esquisser un pas de côté, comme pour se soustraire à un débordement de tendresse de ma part. J'en fus déconcerté et restai muet. Elle se figea un instant puis, semblant ne rien trouver d'autre à faire, sortit de la poche de son jean les deux émeraudes. Elle tendit alors sa main vers moi, paume ouverte, avant de me transpercer de ces deux mots :

— Mission accomplie !

J'avais l'impression qu'elle me toisait avec froideur et j'osai à peine lui répondre.

— Dans mon esprit, il ne s'agissait pas d'une mission, murmurai-je enfin. Je ne voulais pas t'importuner, j'ai cru que ça t'amusait d'entrer dans ce jeu.

Elle fit une grimace, émit une sorte de gémissement et agita furieusement sa main avec les pierres, jusqu'à venir percuter ma poitrine à deux reprises.

— Un jeu à cent vingt mille dollars… Reprenez-les !

Je lui obéis, son bras se baissa. Elle afficha une moue de mécontentement évident.

Elle s'était renseignée. J'avais envisagé cette possibilité. Mais, dans mon monde imaginaire, je la voyais radieuse en découvrant la réelle valeur de ces pierres. Ne devaient-elles pas créer un lien exclusif entre nous ? Pourtant elle semblait m'en vouloir.

— J'ai pris de gros risques sans le savoir ! s'écria-t-elle si fort qu'elle aurait pu ameuter le voisinage. Vous êtes un inconscient ! Et si on m'avait arrêtée ?

Pas un seul instant je n'avais songé à un problème lors du passage des frontières. J'avais transporté tellement d'émeraudes pendant toutes ces années, sans qu'il y ait jamais eu aucun contrôle…

Giada me lança un regard courroucé, puis sembla de plus en plus désabusée.

— Et si ma mère était morte à cause de ces émeraudes ? grommela-t-elle.

Je fronçai les sourcils, ne voyant pas le rapport. Elle s'expliqua très vite et sèchement :

— Quelqu'un qui savait pour ces pierres, qui aurait voulu se les approprier…

Je me torturai l'esprit mais, a priori, rien ne permettait d'accréditer cette hypothèse.

— Ce n'est pas possible, personne ne savait, Giada. Juste toi et moi !

Mais, déjà, une idée terrible s'imposait à moi : pour connaître la valeur de ces émeraudes, Giada avait dû les montrer à quelqu'un.

— Qui les a expertisées, qui les a vues ? repris-je, alarmé.

Je sentis mon cœur cogner dans ma poitrine, en comprenant que l'hypothèse de Giada n'était pas farfelue. Elle parvint à dissimuler son irritation pour m'expliquer sa démarche. Elle mentionna M. Brunetti, dont je connaissais évidemment la boutique, se récriant aussitôt contre son éventuelle implication.

— C'est le bijoutier de ma mère depuis toujours !

Ses yeux, plus grands que d'habitude, semblaient cependant traversés par d'étranges doutes.

Quant au gemmologue, Giada était certaine de ne lui avoir transmis aucun nom, aucune coordonnée. Il aurait pu la suivre. Mais, quand j'appris que c'était M. Brunetti qui lui avait conseillé ce spécialiste, j'en tirai aussitôt des conclusions.

Mon Dieu !

Giada tremblait, comme si une force cachée bougeait dans les tréfonds de ses entrailles. Je m'approchai d'elle pour la prendre dans mes bras. Cette fois, elle ne s'écarta pas. Une larme coula sur sa joue. Je l'effaçai d'un revers de la main. Elle ne protesta pas, ce qui m'enhardit.

Il était déjà tard lorsque nous entrâmes enfin dans la maison. Giada s'assit dans un fauteuil sur la pointe des fesses, comme si elle était prête à bondir et à partir à tout instant.

La nuit tombait lentement en ces soirs d'été. Par la fenêtre de la pièce, je voyais la statue du patron de la confrérie se faire petit à petit dévorer par l'ombre. Il avait le bras tendu, la main ouverte, dans un geste de miséricorde. Pendant que Giada se dandinait sur le fauteuil, embarrassée et inquiète, j'imaginai mes deux émeraudes dans cette paume de bronze. Brusquement la statue s'anima, replia le bras, glissa les pierres dans la poche profonde de sa soutane et reprit sa position figée. Je désirais si fort que ces émeraudes se volatilisent... Qu'elles ne soient pas la seule cause possible de l'assassinat de la mère de Giada.

Giada me parla alors d'une toile volée, de la découverte d'une cache remplie de tableaux. Je respirai d'un coup plus facilement. J'avais besoin de me convaincre que mes émeraudes n'avaient aucun rapport avec ce meurtre. Giada en doutait. Les yeux clos, elle se calfeutra dans un mutisme après que je lui eus suggéré – certainement pour me rassurer moi-même – que la piste des peintures était plausible.

Elle se leva, s'agita, comme si elle voulait repousser une épaisse fumée qui la privait d'air.

— Je ne me sens pas bien ici ! gémit-elle.

Je n'avais aucune envie qu'elle parte. Je rêvais même de l'emmener avec moi en voyage dans l'irréel. Je la retins par le bras. Elle se calma aussitôt pour m'observer fixement, avec une lueur dans les yeux qui pouvait aussi bien exprimer de la crainte que du désir. J'aurais tant voulu la prendre dans mes bras. Cette fois, je n'osai pas.

L'obscurité couvait au-dehors mais, dans la maison, elle nous avait déjà mordus. Nous étions une tache sombre au milieu de la pièce. L'image qui suivit me propulsa à Kariba, devant l'église où je désirais déjà la prendre dans mes bras. À peine plus d'un mois s'était écoulé entre les deux scènes, mais j'avais l'impression qu'un million d'événements s'étaient produits depuis et qu'ils l'avaient éloignée de moi.

— Allumez, me demanda Giada, brisant le silence.

J'aurais préféré rester dans le noir, juste la sentir près de moi.

— Je n'ai rien dit à l'inspecteur à propos des émeraudes, m'annonça-t-elle dès que la pénombre fut chassée.

Je crus percevoir dans son aveu le désir de me protéger. Des pensées contradictoires se superposaient dans mon esprit. Me haïrait-elle si mes pierres étaient responsables de la mort de sa mère ? Ne les avait-elle pas transportées pour entretenir un lien avec moi ?

Giada, que la lumière semblait avoir réveillée, arpentait la pièce. Elle pointa brusquement la table du doigt.

— Ils étaient posés là l'autre jour.

Je compris aussitôt de quoi elle parlait.

— Tu crois qu'ils sont vénéneux, c'est ça ? répondis-je, les yeux baissés.
— Je sais qu'ils le sont, mon père était contrôleur de champignons.
— Hallucinogènes, pas vénéneux !

Cette révélation sembla la surprendre. Elle vint s'asseoir sur un banc près de la table et plaqua une main sur sa bouche comme si elle devait cacher la morsure qu'elle infligeait à sa lèvre inférieure.

— Vous les avez tous mangés ?
— Je les ai mis à sécher. Tu veux y goûter ?
— Je n'ai jamais pris de drogue. Vous me faites peur !

J'aurais préféré qu'elle me dise qu'elle fumait de la marijuana ou qu'elle sniffait de la cocaïne. Elle n'aurait alors pas vu le diable s'agiter en moi.

Je levai la tête. Elle n'avait vraiment pas l'air rassurée, mais je lui proposai malgré tout de partager cette expérience avec moi. Mon cœur battait à toute allure ; je venais de jouer à quitte ou double. J'attendis son verdict, impuissant et silencieux.

Giada ne partit pas, mais elle refusa catégoriquement de m'accompagner dans ce voyage. Le récit de mes visions, des apparitions que me provoquaient les amanites, avait toutefois attisé sa curiosité. Lorsque je lui avouai entendre la voix de ma mère dans mes transes, son intérêt et son émotion décuplèrent. Elle se demandait si je n'avais pas des dons de chaman.

— Je vais peut-être entendre aussi la voix de ta mère, lui dis-je pour briller à ses yeux.

Giada sembla d'accord. Elle espérait découvrir un élément primordial du meurtre. Elle me décrivit le lieu du crime, le reste de la maison aussi, comme si elle voulait que mon esprit y erre pendant ma transe.

Un doute me vint. Dans mes délires, mes étranges errances, je parvenais à animer des objets, à entendre des sons, mais avais-je réellement le don de percevoir des événements éloignés dans l'espace et dans le temps ?

Elle me regarda avaler les quatre chapeaux secs dont je lui avais parlé. Leur goût était très prononcé, particulièrement corsé.

Giada retourna s'asseoir dans le fauteuil, pour s'y caler confortablement cette fois-ci, dans l'attitude d'un spectateur qui attend le lever du rideau. J'étais une marionnette dans ses mains, mais cela ne me vexait pas, au contraire. Je savourais le privilège de m'animer pour elle.

— Combien de temps avant que l'effet se manifeste ? me demanda-t-elle.

— Une petite demi-heure. Ça ne te fait pas peur ?

Elle haussa les épaules dans une attitude résignée. Je n'étais pas aussi serein qu'elle. Je ne connaissais pas mes réactions lorsque j'étais dans un état second, surtout face à Giada, dont je me sentais si proche.

Je me retrouvai assis sur l'accoudoir du fauteuil de Giada. Elle ne broncha pas, on aurait dit qu'elle observait un animal rare depuis une cache et qu'elle ne voulait ni l'effrayer ni se faire repérer. Je n'aimais pas sa manière de me fixer. Était-ce de la peur ou de l'assurance que je lisais dans ses yeux ? Mon Dieu, qu'elle était belle !

Je lui réclamai un baiser avec insistance – je ne l'avais jamais fait avec aucune autre femme. Je l'entendis encore retarder ce que je considérais comme inévitable.

— Pas maintenant, Alessio !

Elle était franche. Je ris, nullement vexé. J'avais la certitude que ce n'était plus qu'une question de minutes. Je percevais déjà le goût subtil de sa salive.

La pièce se mit à tourner, et nous avec elle. Le tourbillon s'accéléra. Par la force centrifuge, je me collai contre Giada. Je sentais dans ma chair que j'étais assis dans ce fauteuil avec elle depuis très longtemps.

— Entendez-vous ma mère ? me demanda-t-elle, sa voix me provenant de très loin.

Un point lumineux grandit devant mes yeux, et un ange incandescent s'y détacha. C'était une autre Giada.

— Voyez-vous ma mère ? s'enquit l'ange.

Je voyais une chambre sombre tapissée de lambris brunis par le temps. Les stores baissés ne laissaient filtrer que de fins rayons de lumière à travers leurs lamelles. Des meubles cossus en bois foncé habillaient l'espace. Quelqu'un traînait les pieds sur le parquet lisse, se frayait un chemin entre le canapé et les fauteuils pour s'arrêter de temps à autre, comme pour contempler les tableaux qui ornaient les murs. L'ange, plus doux que jamais, posa une main sur mon avant-bras et me murmura :

— Y a-t-il quelqu'un dans cette pièce ?

Je voyais des fantômes diaphanes et fuyants se promener dans une dimension parallèle, dont celui d'une très vieille dame que j'aurais voulu pouvoir interpeller. Mais ils étaient inatteignables. Je faisais un voyage dans une vaste maison dont je fouillais tous les coins et les recoins avec une obstination excessive. Je revins plusieurs fois à mon point de départ, je tournais en rond. La réalité cherchait parfois à reprendre le dessus. Était-ce quand Giada m'embrassait ?

Je tombai dans un gouffre où un éclat de lumière m'aveugla et un vrombissement fracassant m'assourdit. Je ne savais plus ce que j'avais vu, entendu ou raconté à Giada. J'avais la certitude d'avoir visualisé du sang, une mare de sang, sur le parquet. Un être humain y nageait, s'en repaissait, s'en régalait.

Lorsque je revins à moi, j'avais le goût métallique du sang dans la bouche. Comme si j'avais nagé dans la mare. Giada n'était plus là, j'occupais intégralement le fauteuil. J'étais éreinté, hébété. Il me fallut de longues secondes pour rattacher le fil rompu de mes idées. La nuit était tombée depuis longtemps. Je ne la cherchai pas. Je savais qu'elle était partie.

M'avait-elle réellement embrassé ? J'avais l'intime conviction d'avoir dû mener une lutte acharnée pour obtenir un baiser. L'avais-je obligée à plus ?

Un quartier de lune croissante tentait de pénétrer par la fenêtre. Je fermai les yeux. Quand je les rouvris, il s'était faufilé comme un cambrioleur. Il illuminait la pièce de l'intérieur. Les effets hallucinogènes ne s'étaient pas totalement dissipés. Je profitai encore de quelques instants de béatitude. Quand le soleil frapperait à ma porte, j'appellerais Giada pour apprendre de sa bouche ce qui s'était réellement passé.

XVI

Giada
Domodossola, 6 septembre

Lorsque Alessio me téléphona, en fin d'après-midi, je fus envahie par des sentiments nébuleux et ambigus. J'attendais beaucoup de lui, tout en étant contrariée qu'il m'ait trompée au sujet de la valeur des émeraudes. Dans ma tête tournoyaient des scénarios où leur rôle dans le meurtre de maman était hautement probable. Je continuais de penser que le drame n'aurait pas eu lieu s'il s'était agi de pierres sans valeur.

Pourtant je chérissais l'image que j'avais gardée d'Alessio à Kariba.

Quand j'arrivai au Calvaire, je restai plantée, indécise, devant la porte de sa maison. Ma présence en cet endroit n'était-elle pas indécente ? Yanis surgissait dans mes pensées. Je me sentis coupable, immensément coupable. Je lui avais menti à plusieurs reprises. Il ne savait rien de ma relation avec Alessio. Sans doute était-il encore temps de m'éclipser, de redescendre la colline et de mettre un terme à cette hypocrisie. Mais j'étais incapable de m'y résoudre !

Je frappai, en me faisant la promesse de tout raconter à Yanis. Il me pardonnerait, comme il pardonnait la plupart de mes caprices. J'avais honte de découvrir mon tempérament d'enfant gâtée. J'avais honte de ne me réveiller qu'à la mort de ma mère.

Quand Alessio ouvrit la porte, je le retrouvai, malgré moi, malgré mes promesses, tel que dans mon souvenir, avec un pincement au cœur. J'adorais son allure athlétique, son visage rond, ses yeux verts fluorescents. Dans un soupir, j'entendis le murmure de mon désir. Je dus faire un effort pour garder mes distances. J'invoquai même la colère que je couvais depuis que je connaissais la valeur des émeraudes. D'un geste rude, je lui tendis les gemmes. Il me dit n'avoir jamais envisagé que les émeraudes aient pu être le mobile du meurtre de ma mère. À sa connaissance, personne d'autre que nous n'était au courant de leur existence, de notre accord.

Une fois à l'intérieur, je me sentis mal à l'aise de m'être laissé convaincre d'entrer. J'avais encore succombé à son charme. Mon désir de loyauté envers Yanis s'était endormi face au regard d'Alessio. Je voulais partir. Il me retenait avec des questions sur le meurtre de maman. Quand il me parlait, il m'hypnotisait. J'étais troublée, tiraillée. Je lui relatai le vol du tableau, la découverte de la cache, pour qu'il sache qu'il y avait d'autres pistes.

La nuit tombait. Je ne voulais pas qu'elle scelle une alliance secrète entre nous. Je lui demandai d'allumer. La pièce, jusque-là plongée dans la pénombre, se mit à briller. Je balayai l'espace du regard. Je revis, sur l'immense table au milieu de la pièce, le panier d'amanites qui y trônait lors de ma première visite. Je ne savais pas que les amanites tue-mouches étaient hallucinogènes.

Alessio me raconta ses expériences psychédéliques, aussi effrayantes que fascinantes. Quel être étrange et surprenant ! J'avais toujours été convaincue qu'il avait une sensibilité particulière. Il tenait à ce que je fasse un «voyage» avec lui, mais il était hors de question que je me lance dans une aventure si hasardeuse. J'avais une peur atavique des drogues, j'avais peur de ne plus rien contrôler.

Il proposa d'avaler des amanites pour moi, au cas où quelque chose concernant la mort de ma mère lui apparaîtrait. J'étais prête à tout pour élucider le meurtre de ma mère, pour trouver le coupable, même si Alessio, dans le monde où il allait inexorablement s'enfoncer, pouvait devenir un danger.

Il mangea quatre chapeaux, ce qui me parut une quantité énorme. « Une dose moyenne », m'assura-t-il.

Il les croqua et les avala en buvant de grandes gorgées d'eau. Il me souriait. Il avait la même expression qu'au moment où il m'avait donné les émeraudes. Il pensait sûrement qu'il tissait un nouveau lien indestructible entre nous. Il se posta devant la fenêtre ouverte, contempla la nuit comme s'il devait se concentrer ou se recueillir. Je m'installai dans le fauteuil, dans l'attente d'un geste, d'un mot. Il était encore plus beau. Il me tourna brutalement le dos. Il se pencha au-dehors, appuya les coudes sur la traverse basse. Je me sentis presque abandonnée. J'attendais un signe ; j'étais une soupirante éconduite. Quand il se retourna, ses yeux verts fébriles luisaient d'une autre lumière, celle d'un autre monde que celui qu'il m'avait montré jusque-là. Il marcha calmement jusqu'à moi, s'affala sur l'accoudoir et me passa un bras autour du cou.

Ce que je craignais se produisit alors. Alessio paraissait avoir perdu toute inhibition. Il m'attira à lui pour m'embrasser. Je résistai. Le monde réel, tangible, où vivait Yanis avait refait surface comme une explosion et, avec lui, mon refus de le trahir. De fins sillons creusaient le visage d'Alessio en une grimace qui trahissait tantôt l'ivresse, tantôt la souffrance. Son visage était un masque d'émotions pures. Il se plia en deux pour joindre ses lèvres aux miennes.

— Pas maintenant, Alessio !
— Il me faut un peu de ton ADN, me dit-il.

Par chance, il n'insista pas. Il se coucha sur le dos, à même le sol. Il écarta les bras, les jambes, comme s'il les transformait en d'étranges antennes pour capter d'étranges vibrations. Les yeux fermés, il parla longuement d'un tourbillon qui l'engloutissait. Interdite, je restai figée dans mon fauteuil, muette, avec la curieuse sensation que l'air pesait horriblement lourd dans la pièce. Des gouttes de sueur perlaient sur mon front, l'atmosphère s'était électrifiée.

— Je vais chez toi, annonça Alessio d'une voix caverneuse.

Il remuait calmement les membres, comme à la recherche de la bonne fréquence. Lorsqu'il s'immobilisa enfin, il me livra sa première image.

— Il y a une véranda !

Comment pouvait-il le savoir ? Je lui avais parlé de la maison, sans lui préciser l'existence de la véranda. Il semblait visualiser des espaces, des objets. Il grognait. J'aurais voulu qu'il me dise tout ce qu'il voyait, savoir ce qu'il entendait, si ma mère lui apparaissait.

Au début, il resta plutôt silencieux. J'étais si impatiente que j'avais du mal à garder mon calme. Mon pouls battait à mes tempes.

Il me fit encore languir de très longues minutes avant de se lancer dans une vague description d'une pièce. Il balbutiait, comme un cheval qui trépigne au lieu d'avancer. « Entrez dans la pièce ! avais-je envie de lui crier, décrivez-la, que je puisse la reconnaître. »

— Il y a du vieux bois sombre, bredouilla-t-il.

Le salon de ma mère était bel et bien lambrissé de bois, mais ne l'avais-je pas mentionné avant qu'Alessio avale les amanites ?

Puis Alessio se recroquevilla, tel un enfant apeuré. Il resta immobile et silencieux pendant un moment effroyablement long. Les cloches du couvent sonnèrent l'heure. Je déglutis péniblement. La vision de ma mère, noyée dans son sang derrière le canapé, envahit mon esprit. J'étais paralysée. Je respirais avec difficulté.

— Y a-t-il quelqu'un dans la pièce ? demandai-je à Alessio.

Il était enveloppé d'une lumière étrange, différente. Il grogna d'abord des sons inarticulés, incompréhensibles. Puis il se mit à parler d'un tableau. Je frissonnai, un courant électrique parcourut ma colonne vertébrale. Il décrivit une image, mais ce n'était pas celle d'une femme se désaltérant à une fontaine, ce n'était pas l'œuvre de Segantini qui avait disparu.

Il releva doucement le torse.

— Elle boit du sang, rugit-il.

— Qui boit du sang, Alessio ?

Il se leva très lentement. Il semblait épuisé. Il se dirigea en titubant vers moi. Je compris aussitôt qu'il allait se laisser tomber dans le fauteuil où j'étais assise. Je m'en extirpai aussi vite que je pus.

— Quelqu'un de connu, murmura-t-il, peut-être une femme... Je ne suis pas sûr, je ne vois plus rien.

J'étais perdue. Une femme ? Ce mot résonna dans ma tête comme un écho. Alessio ferma les yeux, relâcha ses muscles. Il paraissait sur le point de sombrer dans un profond sommeil. J'aurais tant voulu qu'il revienne à lui, qu'il m'explique. Il ne pouvait pas me laisser ainsi sur ma faim.

— Réveillez-vous, Alessio !

Il ne m'entendait pas. Il était déjà dans un autre monde, plus rien n'existait pour lui. Je le secouai à plusieurs reprises, par le bras, par les épaules. Je lui relevai la tête, mais il la laissait retomber à chaque fois. Il n'était plus qu'une poupée de chiffon. Je me penchai même vers sa bouche pour être certaine qu'il respirait. Il ronronnait en sourdine, un souffle léger entrecoupé de glougloutements. J'étais inquiète et, surtout, je me sentais abandonnée. J'attendis une bonne demi-heure, en arpentant à maintes reprises la vaste pièce, dans l'espoir qu'il se réveille. Il ne bougea pas d'un millimètre. Il était vautré dans le fauteuil, sous un abat-jour qui diffusait une lumière irréelle. Et je me retranchai moi aussi du monde.

Les cloches du couvent me ramenèrent à la réalité. Elles avaient scandé toutes les heures de la soirée. J'étais trop vaseuse pour avoir la présence d'esprit de compter les coups, mais minuit n'était pas loin. J'étais submergée par le flux de mes pensées, tout se mélangeait. Alessio était toujours comme mort dans son fauteuil, aussi décidai-je de le laisser à son sort.

La nuit était profonde, le ciel s'était couvert. Je regrettai de ne pas être venue en voiture, d'avoir encore une fois privilégié le chemin muletier. En dévalant la colline, un fluide glacial me parcourut régulièrement l'échine et me fit violemment trembler. En bas, la ville dormait, mais les statues des chapelles érigées à chaque tournant du chemin semblaient s'animer à mon passage. J'accélérai le pas. La forêt obscure qui bordait le sentier était effrayante. Ce ne fut qu'en atteignant les premières ruelles puis le parking où était garée ma Mini Cooper que je me sentis enfin en sécurité.

En traversant la ville, je repris peu à peu mes esprits. Alessio délirait-il lorsqu'il parlait d'une femme ou cette affirmation avait-elle un fondement ? Quoi qu'il en soit, je ne m'expliquais pas sa vision de la véranda.

Gianni et Ariana dormaient. Ils se couchaient très tôt, je leur avais dit de ne pas m'attendre. J'étais exténuée, mais des pensées tournaient en boucle dans mon esprit, m'empêchant de trouver le sommeil. J'avais honte de mon lien secret avec Alessio. J'avais interdit à Yanis de me rendre visite, et voilà qu'il me manquait. J'aurais voulu lui raconter ce que j'avais vu, ce que j'avais entendu là-haut, au Calvaire. Des mots cognaient dans ma tête, des mots d'excuse adressés à Yanis. Dans cette chambre, la nuit était noire, infinie. Je rallumai pour envoyer un message à Alessio : « Tout cela m'a beaucoup troublée, je préfère que vous ne me contactiez plus. J'ai besoin de me retrouver. » Respecterait-il ma volonté ? Puis ma confusion finit par balayer toute pensée logique. J'envisageai même qu'Amalia, l'ancienne femme de ménage de ma mère, puisse être la meurtrière. C'était la seule femme qui me venait à l'esprit. Je dus finir par m'endormir.

7 septembre

Calatrone cherchait méticuleusement des informations sur les personnes qui avaient fréquenté la villa. Nous en avions déjà parlé, mais il insista pour m'interroger à nouveau à ce sujet. Il voulait connaître le moindre détail, la moindre visite dont je me souvenais. Je racontai notre vie familiale avec une immense impression de solitude, une vie que j'avais toujours trouvé agréable, harmonieuse et qui, en quelques jours, était devenue sordide.

Je sentis alors un accès de fureur dirigé contre mon propre aveuglement. Laisser les autres me dorloter m'avait fait perdre des informations essentielles sur ce qu'il se passait dans notre maison. J'en payais les conséquences aujourd'hui, et le réveil était brutal. Une vague de quiétude m'envahit quelques secondes lorsque je pensai soudain à Yanis et à l'équilibre qu'il m'offrait. J'avais été folle de m'égarer avec Alessio.

Calatrone m'apprit, sans surprise, qu'une des toiles était un trésor de guerre. Mes parents devaient le savoir, ils m'avaient de toute évidence caché une partie de leur existence. Je doutais de tout à présent, mon esprit s'était embrasé. Mille scénarios, tous plus effroyables les uns que les autres, défilèrent devant mes yeux. J'aurais voulu changer de peau, passer une fois pour toutes à l'étape supérieure, le stade adulte. Mais en étais-je capable ? J'avais toujours été un âne qui refuse d'avancer, je n'avais jamais vu plus loin que le bout de mon nez.

8 septembre

Je décidai de rentrer en Suisse, d'arrêter de faire souffrir Yanis, lui qui était prêt à tout pour ne pas me perdre. Cet été terrifiant avait ébranlé tant de choses. J'avais envie de le surprendre : descendre à la plage et le trouver assis sur le banc adossé à la cabane des pêcheurs, seul et triste, un livre qu'il n'arrivait pas à lire ouvert entre les mains. Je le saluerais alors d'un grand sourire.

Je rentrai par le train de 14 heures. La Jaguar n'était pas là. Yanis était peut-être parti chez un ami. Il ne me devait rien, c'est moi qui l'avais abandonné à l'incertitude. Sans doute en avait-il horriblement souffert. Mon comportement avait été indigne, honteux. Non seulement pendant l'épisode « Alessio », mais aussi durant toutes ces années où il avait assouvi mes caprices.

En quittant Domodossola, j'avais demandé à Gianni et Ariana de me rejoindre en Suisse. Ils étaient retraités, ils n'avaient pas pu refuser. Le week-end fini, Yanis s'absenterait pour son travail. Je n'avais aucune envie de me retrouver seule à ruminer des hypothèses, à revoir en permanence la mare de sang, et ma mère allongée dedans.

Je me rendis au garage chercher les matelas de réserve pour installer Gianni et Ariana. L'endroit était sombre et étroit : il me fallait accéder au mur du fond. Je me faufilai le long de ma Mercedes, m'enfonçant dans la pénombre. Des pneus étaient appuyés en équilibre précaire contre la paroi. Je les fis rouler sur le côté. Une odeur d'huile rance imprégnait le local. Je plaquai une main sur ma bouche et mon nez. À tâtons, je palpai de l'autre la laine moelleuse des deux matelas recouverts d'un plastique épais. Je sentis alors un objet dur coincé entre les matelas. Curieuse, je le délogeai. Il était empaqueté dans un grand sac-poubelle. Comme il y avait peu de place et que presque aucune lumière ne parvenait au fond du garage, je l'emportai à l'extérieur. Un horrible doute me traversa ! Je déballai avec frénésie le mystérieux paquet. Le dos d'un tableau m'apparut dans le soleil. J'hésitai avant de le retourner. Je croyais savoir ce qui m'attendait. J'eus la sensation d'être abandonnée, d'être une naufragée à la dérive dans un océan sans fin. Ma main faiblit, mes doigts semblèrent s'engourdir.

Je posai la peinture contre la façade de la maison, dans le bon sens. Sans jeter les yeux dessus. Je reculai de quelques pas. Alors, je fis volte-face. D'abord je la vis floue à cause d'un rayon de soleil qui m'éblouissait. Ou était-ce mon cerveau qui refusait de faire le lien ?

Elle avait la tête légèrement penchée, la main contre la bouche pour y recevoir le jet d'eau qui jaillissait de la fontaine. La paysanne de Segantini avait les paupières mi-closes. Elle n'osait pas me regarder, elle avait honte de m'infliger cet affreux déchirement. Elle avait trôné pendant des années dans le salon de mes parents, mais je ne la voyais qu'aujourd'hui. C'était une très belle femme.

Mon Dieu, qui avait amené ce tableau ici ?

Je m'assis, les jambes repliées, la tête contre les genoux. Une rage s'empara de moi, de plus en plus forte. Je ne pouvais me résoudre à croire que Yanis était le coupable. Je cherchai une autre explication. « Peut-être une femme... Je n'en suis pas sûr », avait dit Alessio.

Moana avait accès à cette maison-ci, à ce garage, elle avait les clés.

XVII

Yanis
Domodossola, 31 août

Je louai une voiture pour que Giada ne puisse pas me reconnaître et partis au petit matin pour Domodossola.

Je me garai dans la rue où habitait sa mère, et j'attendis que Giada se montre. Mais elle ne sortit pas. J'eus le temps d'imaginer qu'elle n'était pas chez sa mère, de ruminer l'idée qu'elle avait peut-être déjà retrouvé son Alessio. J'étais absolument convaincu qu'ils avaient échangé de nombreux messages depuis Mana Pools et qu'elle cherchait à le revoir. Giada avait prétendu avoir besoin de réfléchir, de prendre du recul. Mais je n'étais pas dupe. Elle m'avait joué cette comédie pour pouvoir le rejoindre à Domodossola. J'en avais la certitude. Cette idée tournait dans mon crâne, percutait mes neurones et me laissait un arrière-goût d'amertume.

Machinalement, je puisais dans le paquet de chips posé sur le siège passager. Je me détestais quand j'avais ces crises de boulimie. Les carences affectives que m'infligeait Giada étaient loin d'arranger les choses. C'était un cercle vicieux. Je me gavais, grossissais, et lui plaisais de moins en moins. Et je me sentais encore coupable pour la maison. J'aurais dû la faire rénover avant d'insister pour qu'elle y emménage avec moi, mais je n'en avais pas les moyens.

Giada ne s'en doutait pas, et sa mère était de plus en plus réticente à me prêter de l'argent en cachette. C'était pourtant bien elle qui avait payé la Mercedes flambant neuve que j'avais offerte à Giada pour son dernier anniversaire.

Pourquoi ne pas profiter de ma venue pour parler en tête à tête avec Teresina ? pensai-je. Inutile de tenter de lui téléphoner, elle me raccrocherait au nez.

Je venais de terminer le paquet de chips, toujours en proie à un féroce sentiment de jalousie, quand la Mini Cooper grise bondit hors de la propriété en vrombissant. Giada était au volant. Elle ne prêta pas attention à l'Audi Quattro où je me tenais terré, enfoncé dans le siège du conducteur, le col de la veste relevé.

Je la suivis pendant plus d'une heure en direction du lac Majeur, qu'elle longea ensuite jusqu'au bout. Je faillis la perdre dans le trafic. Giada, avec sa conduite impatiente et sa Mini Cooper, se faufilait dans le moindre espace entre deux véhicules. Elle finit par se garer sur la place centrale de la ville de Sesto Calende, face au Ticino, un cours d'eau large et gris, qui ondulait, lisse, comme un tapis roulant. Quelle pouvait être la raison de cette expédition ? Giada entra dans un bâtiment quelconque qui bordait la place et mit une éternité à réapparaître. Je notai alors que son allure avait changé. Elle avait l'air étrange. Quand elle passa devant moi, je crus respirer l'odeur de son parfum.

Elle repartit pour Domodossola. J'engloutis nerveusement un autre paquet de chips au paprika sur le chemin du retour, obnubilé par des idées de trahison qui me venaient en rafales. Je délirais peut-être, mais je n'avais pas la moindre idée de ce qu'avait pu faire Giada à Sesto Calende. Je pouvais m'attendre à tout, et même au pire.

Elle retourna chez sa mère. Depuis la rue, je l'imaginais faire les cent pas dans le salon, j'entendais le parquet craquer tandis que Teresina, allongée sur le canapé, lui disait encore du mal de moi. Elle ne m'aimait pas. Mais j'avais besoin d'elle.

Il était 16 heures lorsque la Mini Cooper jaillit à nouveau du portail. Je m'abstins cette fois de suivre Giada : l'occasion ne se représenterait pas deux fois, songeai-je. Je me faisais fort de convaincre rapidement

Teresina de payer les rénovations de la maison où sa fille vivait avec moi. Après tout, n'était-ce pas Teresina qui refusait que Giada soit au courant des largesses qu'elle nous faisait ? « Ma fille croit se débrouiller seule, m'avait-elle toujours dit, mais elle est encore une enfant, elle ne sait pas compter. » J'avais donc maintenu le secret, trop heureux de cet accord. Mais Giada était-elle vraiment dupe ? Certes, elle ne se préoccupait jamais de notre budget, me laissait tout gérer. Peut-être croyait-elle que je gagnais très bien ma vie, que nous pouvions tout nous offrir, des voitures de luxe, des voyages en Afrique l'été, des séjours sous les tropiques l'hiver...

Je sonnai. J'attendis d'interminables minutes derrière la grille. Teresina, malgré son âge, trottinait encore comme une souris. Elle m'avait probablement vu arriver et préférait ne pas m'ouvrir. J'étais inquiet, impatient. Les minutes s'égrenaient et le risque que Giada revienne augmentait. Je sonnai à nouveau en gardant le doigt sur le bouton. Au moins dix secondes. Teresina finit par apparaître. Elle venait du jardin et, au moment où je l'aperçus, je discernai aussi la tortue qui traînait sa carapace au milieu de la pelouse. Teresina n'était pas plus rapide que l'animal. Elle devait le faire exprès, pour me faire languir.

— Que faites-vous là, Yanis ? me cria-t-elle à distance.
— Il faut qu'on parle !
— Je vous croyais chez votre sœur.

Je compris que Giada avait trouvé un prétexte pour justifier mon absence.

— Giada ne sait pas que je suis ici.

Quand Teresina m'ouvrit enfin, elle m'observa longuement, avec une attention presque anormale, puis conclut d'un ton sec :

— Vous avez encore grossi ces temps-ci, mon cher Yanis. Vous l'ai-je dit la dernière fois ?

Je tentai de faire abstraction de ses piques. Alors que je la suivais en direction de la véranda, elle marmonna d'autres paroles désagréables. Sur le seuil, elle m'ordonna de ne pas oublier, cette fois-ci, de m'essuyer les pieds. Elle était exécrable, toxique. Son emprise sur les gens était telle que je comprenais aisément pourquoi Giada n'avait pas pu grandir, s'épanouir, devenir adulte comme tout le monde. Je me demandais parfois pourquoi le Bon Dieu maintenait cette mégère en vie, et dans une forme aussi éblouissante.

Il faisait sombre dans la maison. L'été, les stores étaient presque toujours fermés pour éviter de laisser entrer la chaleur.

Elle soupira en se dirigeant vers le salon, comme si elle avait trop chaud. Sans doute était-elle aussi contrariée par ma présence. Elle ne me regardait pas, elle s'attendait à ce que je la suive comme un chien.

— Vous voulez encore de l'argent, n'est-ce pas ?

Inutile d'être un devin pour déduire que c'était en effet l'objet de ma visite... Je n'avais besoin d'elle que pour son argent ! Je lui fis néanmoins valoir pourquoi rénover ma maison était une nécessité.

— Giada ne s'y sent pas bien, vous l'avez trop habituée au luxe !

Teresina se mit à m'insulter. J'aurais dû y penser avant, me dit-elle, au lieu de contraindre sa fille à vivre dans ces conditions. Je sentis le sang affluer à mes joues. Froidement, elle m'accusa d'être un minable, de gagner une misère en tant qu'informaticien. Ce n'était pas la première fois qu'elle me dénigrait de la sorte mais, ce jour-là, je n'étais vraiment pas d'humeur à supporter son agressivité et son mépris. Elle-même se montrait plus acerbe, plus virulente que d'habitude, mais j'étais certainement aussi plus sensible. Giada était sûrement en train de me quitter. Il me fallait cet argent à tout prix.

Teresina m'observait d'un regard malsain, se délectant à l'avance de ma réaction à ses cruelles invectives. Je tentai de me calmer. Je n'obtiendrais rien d'elle en sortant de mes gonds. Dans un élan de franchise sans doute un peu naïve, je lui parlai d'Alessio et des soupçons que je nourrissais.

L'effet ne fut pas celui que j'escomptais.

— Il était grand temps que ma fille se réveille ! s'exclama-t-elle, ravie.

J'aurais dû deviner qu'elle n'attendait que cela, que sa fille tombe amoureuse d'un autre homme. Teresina se montra exaltée, enflammée par cette nouvelle.

— Vous êtes fichu, Yanis, si elle en aime un autre !

Quelle stupidité de lui avoir fait cet aveu ! Teresina continuait ses railleries, m'assénait des mots assassins avec la régularité d'un métronome.

— J'espère bien que Giada vous quittera. Vous ne la méritez pas ! Je ne vous donnerai pas un sou pour votre maison !

Ses phrases empoisonnées m'étaient insupportables, mais je fis un immense effort pour ne pas me mettre en colère pour de bon. J'ouvris plusieurs fois la bouche, comme un poisson agonisant hors de l'eau, avant de trouver suffisamment d'air pour bredouiller quelques mots.

— Donnez-moi au moins un tableau, je sais ce qu'ils valent, et ça ne vous fera pas défaut.

Elle éclata de rire, un rire de démente. Elle s'approcha de moi, pour me cracher son fiel au visage. C'était un monstre qui, à chacun de ses pas, faisait trembler le salon.

— Je suis sûre que vous n'êtes même pas un bon amant !

En reculant pour éviter son haleine de sorcière, je me cognai contre le buffet ancien où Teresina conservait sa belle vaisselle. Elle s'approcha encore. Comment pouvait-elle avoir tant de vigueur, tant de hargne à son âge ?

— Pas un sou, Yanis, pas un sou ! me postillonna-t-elle au visage.

Je me retournai pour ne plus la voir. Un voile noir descendit devant mes yeux et une boule d'énergie secoua tout mon corps. *Mon Dieu, faites qu'elle se taise !* Mais elle cracha encore sa haine dans mon dos.

— « Alessio et Giada », ça sonne bien !

Ma main se cramponna à la poignée d'un tiroir, au centre du vaisselier. Je savais pertinemment ce qu'il contenait. Ma tête éclata. Je marmonnai, les dents serrées :

— Taisez-vous !

Il fallait qu'elle cesse, ma raison s'effaçait, je devenais fou. Mais la harpie n'avait pas encore craché tout son venin.
— Vous n'êtes qu'un minable, Yanis !
J'ouvris le tiroir.

Épilogue

Giada
Kariba, début novembre

De Kariba n'émane pas du tout la même énergie que la première fois. J'y étais venue en touriste insouciante, égoïste. Aujourd'hui, ma présence est réfléchie. Si je suis de retour au Zimbabwe, c'est pour me forger une identité. J'ai décidé d'aider ce pays où j'avais, sans que je le veuille, entamé un voyage initiatique.

Lorsque je tente de retracer le film de ma vie, il me manque des photogrammes. Trop d'informations ne m'ont pas été données. Je n'arrive pas à incriminer mes parents, malgré l'indécent secret dont ils m'ont exclue. L'enquête a finalement pu démontrer que la plupart des tableaux de la cache constituaient bien un trésor de guerre. Dans l'hypothèse la plus supportable, mon père les aura découverts par hasard. Mais alors, pourquoi mes parents les ont-ils ensuite religieusement cachés sans rien m'en dire ? Un sordide mystère planera toujours. J'ai mauvaise conscience, je n'aurais pas dû somnoler dans la facilité. Il a fallu un cataclysme pour que je me réveille. J'étais aveugle, au fond, je ne connaissais ni ma mère ni mon père. Ils m'ont façonnée, modelée selon leurs critères, et cela leur a été aisé. J'étais tendre comme du beurre. Ils s'étaient cachés en moi et je ne les avais jamais vraiment découverts parce que je n'avais jamais essayé de fouiller, de savoir qui j'étais.

Je vais hériter de la fortune de ma mère. Même en faisant abstraction des tableaux, maman était extrêmement riche. Elle a couvé son argent aussi méticuleusement qu'un oiseau couve ses œufs. Je n'ai pas l'intention de poursuivre cette folle et stérile entreprise. Le Zimbabwe a tant besoin d'aide. Pour une fois, je vais savoir compter, compter pour les autres.

Je suis retournée dans le même lodge. La propriétaire est un ange tombé du ciel pour m'épauler. Elle connaît les domaines dans lesquels il est urgent d'intervenir, elle sait où je pourrai utilement injecter de l'argent.

Les oiseaux sont encore plus nombreux qu'en juillet. Les migrateurs sont de retour. Les colibris dansent, on dirait des taches de couleur au-dessus de larges feuilles pareilles à de grandes oreilles. Yanis adore observer les oiseaux. Il est toujours avec moi, il frôle continuellement mon esprit. Je l'aimais, je crois. J'ai parfois l'impression qu'il s'est sacrifié pour moi en tuant maman. Il m'a ouvert la porte d'un autre monde. Il sera en prison pendant de longues années. Impossible de lui pardonner son geste, mais j'entends un interminable cri de douleur à l'intérieur de moi quand je l'accuse. Il restera là, comme une névralgie chronique, une douleur dans tous mes membres, parce que je suis incapable d'arrêter de penser à lui. Je suis déchirée, vide de toute substance, écorchée intérieurement.

J'ai revu Alessio, à quelques reprises. Il a compris que ma vie sentimentale avait basculé dans le fond d'un immense océan et que je demeurerais longtemps, toujours peut-être, en apnée. Depuis quelque temps, il ne m'envoie plus de messages. Il doit être affligé par mon destin. Je sais maintenant, il me l'a avoué, qu'il était passé devant la maison, quelques jours après la mort de maman, dans l'espoir de me rencontrer. Il avait donc vu la véranda depuis la grille. Quant à la femme de sa vision, disons que c'est un mystère qui appartient à son délire psychédélique. J'espère qu'il ne se perdra pas dans ses amanites. Je suis contente de ne jamais lui avoir ouvert la porte, de ne jamais lui avoir fait de promesses.

La saison des pluies vient de commencer, on espère des précipitations abondantes pour compenser le manque d'eau de l'année précédente. La sécheresse a été terrible. Combien d'éléphants sont morts déshydratés autour de points d'eau vides ? Le bétail souffre aussi, agonise ; la population commence à manquer de nourriture. Ce pays a besoin de renaître, comme moi, mais nous sommes livrés en pâture au destin. À l'église, au sommet de la colline, j'ai prié pour qu'il pleuve plus cette année et pour que mon cœur asséché se ranime, mais mes incantations sont certainement moins efficaces que celles d'un sorcier africain.

Au loin, le niveau du lac de Kariba est si bas qu'il ne semble même plus toucher la colline. Le ciel est strié de fragments de nuages trop minces pour espérer que tombe la pluie. J'écoute le silence du soir. Un marabout traverse l'espace, déchire l'air sans un bruit. Et pour entendre une musique, j'entonne un Ave Maria en pleurant.

En pensant aussi à Alessio.

Alessio
Domodossola, 7 septembre

J'ai pris connaissance de son message très tôt ce matin. Dans le clair-obscur de ma conscience encore hésitante, j'ai dû le relire à plusieurs reprises. Puis je me suis effondré. Elle ne voulait plus que je la contacte.

L'avais-je rudoyée, avais-je abusé d'elle pendant cette soirée d'hallucinations ? Je me souviens de si peu de choses. Je n'aurais jamais dû m'aventurer dans un voyage avec elle à mes côtés, un voyage d'émotions pures.

Je ne peux pas accepter son verdict. Elle se doit de m'expliquer.

L'effort que j'entreprends pour ne pas l'appeler est surhumain. Je voudrais aller chez elle, la surprendre. Je sais où elle habite, inutile de me mentir à moi-même. Il y a trois jours, je suis descendu jusqu'à sa grille dans l'espoir de la voir. Je n'ai pas sonné, sœur Maria Rosaria m'avait dit de la laisser en paix.

Les épaules tombantes, les bras ballants, je sors dans le jardin. Les châtaigniers derrière la maison promènent leurs premières ombres fragiles. Le pré est mouillé de rosée matinale. L'air est frais, je me sens tout nu. J'aimerais hurler mon chagrin. J'inspire profondément le parfum, l'humidité de ma forêt pour calmer ma révolte. En contrebas, les hortensias ont été taillés. Sœur Maria Rosaria l'a fait pour moi. Elle m'aide, mais parfois je voudrais qu'elle soit moins présente.

Les cloches du couvent sonnent six coups. Des prêtres assis sur le muret de l'esplanade devant l'église se lèvent et migrent lentement vers l'obscurité de la maison du Seigneur. Ils vont assister à la messe. C'est probablement l'abbé Arturo qui officie. J'ai presque envie d'aller prier pour ne pas perdre Giada.

L'esplanade est vide, à présent. Un chat la traverse de sa démarche fière et noble. Il saute sur le muret qu'il parcourt en équilibriste sans s'arrêter pour disparaître dans la lumière diaphane du matin. Puis plus rien, pas même un chant d'oiseau. Je me sens seul au Calvaire, abandonné, isolé. Les premiers pèlerins ne viendront que dans quelques heures. Ils feront une halte à la chapelle en contrebas, celle érigée dans le dernier virage du chemin muletier. En levant la tête, ils apercevront le couvent et grimperont paisiblement jusqu'à lui. Je voudrais que Giada soit la première ce matin sur le chemin de croix. Je lui tracerai un sentier vers ma maison. Je poserai les dalles en gneiss qui somnolent depuis longtemps sous la mousse pour qu'elle puisse accéder à ma porte sans trébucher.

Alessio
Domodossola, 9 septembre

Je n'en peux plus. Comment pourrais-je respecter son désir ? Ma révolte a somnolé un jour puis s'est réveillée en sursaut. Je veux savoir. Elle garde en elle la mémoire de ce voyage halluciné, elle se doit de me le raconter.

Hier, j'ai enlevé les mousses des dalles de gneiss et j'en ai posé quelques-unes. Sœur Maria Rosaria a été méduséé de me voir enfin les utiliser. Je ne lui ai donné aucune explication. Elle m'agace un peu, elle veut toujours tout savoir, tout décortiquer. J'ai besoin d'avoir mon intimité, d'être mon propre confident.

En fin d'après-midi, en revenant du jardin, j'ai reçu un message sur mon téléphone. J'avais les mains pleines de terre et de coupures à cause des écailles de pierre. J'ai mis du limon, de l'argile et du sang sur mon portable. Ce ne pouvait être qu'elle. J'ai dévoré ses mots avec un nœud à la gorge : « Nous avons découvert qui a tué ma mère, Alessio. Cela me perturbe énormément. Je vous contacterai. »

Alessio
Domodossola, septembre-octobre

J'ai continué à poser mes dalles pour l'accueillir. On m'a livré d'autres pierres, d'autres sacs de sable et du ciment. Parfois je reste debout, pétrifié, à contempler un travail devenu unique à mes yeux.

Giada m'a tout raconté. Son cœur est sec. Elle n'a plus la même étincelle dans le regard. Ses gestes aussi ont changé. Elle ne bouge plus comme une Italienne. Si seulement je pouvais la faire renaître. Je l'ai rencontrée en ville. Il est exclu qu'elle voie mon chemin tant qu'il n'est pas fini. J'ajoute continuellement des virages pour lui laisser le temps de me revenir. Elle veut retourner au Zimbabwe. Je l'aurais accompagnée si son cœur n'était pas devenu lisse comme la surface d'un lac. Je déteste mes émeraudes qui ont tout gâché.

J'ai acheté un nettoyeur à haute pression pour que mes dalles resplendissent, deviennent cristallines. Sœur Maria Rosaria ne comprend pas pourquoi je décris tant de zigzags pour atteindre la porte d'entrée. Je ne lui expliquerai rien. Elle dit que je suis obsédé par mon nettoyeur à haute pression.

— Tu les as déjà décapées, celles-là, me fait-elle parfois remarquer.
— Cela m'amuse, sœur Maria Rosaria.

Je suis triste et malheureux comme un ciel d'octobre qui attend déjà l'hiver. Giada continue de me hanter. Dieu me l'avait offerte, il me l'a reprise. L'abbé Arturo dit que les volontés du Seigneur sont impénétrables. N'est-ce pas plutôt moi, pauvre humain que je suis, qui me suis fait des idées ?

Le mois d'octobre s'écoule.

Là où la pente est forte, j'ai ajouté une barrière à mon sentier pour que Giada puisse se hisser facilement jusqu'à la maison. Sœur Maria Rosaria m'a dit qu'elle ne savait plus quel était le vrai chemin de croix, celui ponctué de chapelles qui monte depuis la ville, ou le mien. Puis elle m'a fait un sourire gêné. Elle a compris.

Giada va partir pour Kariba. Elle est déjà si loin. En me remémorant notre première rencontre à l'église, je sens le gouffre qui me sépare d'elle aujourd'hui. Elle est comme morte. Comment pourrais-je vivre dans ce deuil ?

J'ai cueilli des amanites. Celles de l'automne sont très chargées en substances toxiques. Je les ai fait soigneusement sécher. Je n'ai pas avalé un seul chapeau tant que je façonnais opiniâtrement mon chemin de croix. Aujourd'hui, il est fini. Il débute au parking du Calvaire, serpente à flanc de colline jusqu'à ma porte. Ce qui m'angoisse, c'est l'absolu désarroi qui m'inonde parce qu'elle ne l'empruntera jamais.

Je l'ai parcouru, moi, pendant que la plainte languissante des cloches du couvent déchirait l'air. Douze coups, il était minuit. À chaque virage ma croix paraissait plus lourde, comme le poids de mes défaites affectives. Mais j'avais l'âme calme et impassible de celui qui sait où il va. La lune à son dernier quartier couvait, tel l'œil d'une créature endormie.

Jésus Christ a souffert jusqu'au petit matin avant de rendre son dernier soupir.

J'ai réduit en poudre dix-huit chapeaux d'amanites tue-mouches, les ai mixés avec du vin rouge. Le voyage va être long, très long, sans fin.

Le goût est abominable, mais le fiel qu'a bu le Christ ne devait pas être mieux. Si ?

Calé dans le fauteuil de la grande pièce, je m'offre à l'emprise de la drogue en attendant le repos final. Des idées jaillissent, mais mon corps se fatigue. Je crois que j'en veux à sœur Maria Rosaria, que je la tiens pour responsable de l'échec de ma vie sentimentale. Pourtant je l'aime et j'aurais tellement besoin de sa présence en ce moment.

Maman !

J'ai compté jusqu'à trois et, de mes dernières forces, j'ai jeté les émeraudes par-dessus bord, à travers la fenêtre ouverte.

Le dernier regard de Giada a rempli mon cœur d'insupportables certitudes.

Elle ira là-bas. Je revois l'église, mon Afrique.

Note de l'auteur

Pour documenter ce roman, j'ai puisé des informations dans les articles suivants :

S. M. Anderson, « Notes on the occurrence and mineralogy of emeralds in Rhodesia », *Journal of Gemmology*, vol. 16, n° 3, 1978, p. 177-185.

S. M. Anderson, « A note on the occurrence of emerald at Mayfield Farm, Fort Victoria, Rhodesia », *Journal of Gemmology*, vol. 15, n° 2, 1976, p. 80-82.

J. Laborde-Milaa, « L'aménagement de Kariba sur le Zambèze », *La Houille Blanche*, n° 4, juillet 1959, p. 457-473.

J.-C. (Hanco) Zwaan, Jan Kanis, Eckehard J. Petsch, « Update on emeralds from the Sandawana mines, Zimbabwe », *Gems & Gemology*, vol. 33, n° 2, summer 1997, p. 80-100.

L'auteur

Adelmo Venturelli est né en 1955. Il est lycéen lorsqu'il compose ses premiers récits. Il s'oriente ensuite vers la biologie et la protection de l'environnement, sans délaisser pour autant l'écriture. Un premier roman est édité en 1987.

Les hasards de l'existence le plongent ensuite dans l'univers de la sculpture. Pour donner vie à son monde imaginaire, il modèle, taille pendant de nombreuses années, travail qui donnera lieu à plusieurs expositions.

À la cinquantaine, il retrouve l'écriture. Des romans naissent, son style s'affine, et il se découvre un penchant pour le thriller. En 2019 paraît *La Sterne* aux éditions PEARLBOOKSEDITION.

© 2022 Éditions Pearlbooksedition Zurich

ISBN 978-3-9525475-0-2

Tous droits de traduction, de reproduction et d'adaptation réservés pour tous pays.

Relecture : Claire Réach
Correction : Danièle Bouilly
Mise en page et graphisme : Marco Morgenthaler
Photographie de couverture : *Ardennes*, 1981
© Hugues de Wurstemberger
Photographie 4ème de couverture : iStock.com
Impression : Druckerei Odermatt AG, Dallenwil

www.pearlbooksedition.ch